JN247579

図解ポケット

Shuwasystem
A book to explain
with figure
Library

今日から使える！
データサイエンスがよくわかる本

IMANISHI Kohei　NISHIZAWA Mamoru　SAKAI Kenzaburo
今西 航平　西沢 衛　酒井 健三郎 著

秀和システム

はじめに

　近年、ビッグデータ、クラウドコンピューティング、IoT、RPA、AI、データサイエンスといった言葉をよく聞くかと思います。テクノロジーの発展が著しい中で、本書で扱うAI、データサイエンスにおいては、多くの企業内で需要が増しています。AIができる人材の育成、データサイエンスがわかる人材の育成といったように、テクノロジーを活用できる人材の需要が急増しています。

　このような状況下、著者3名とも、株式会社キカガクというAI・機械学習、データサイエンス領域の教育事業を展開している企業にて、多くの企業内で人材育成のお手伝いを行ってきました。経営層向けの研修から、マネージャー向けの研修、エンジニア向けの研修と、様々な職種、役職の方々にAI・機械学習、データサイエンスをお伝えしてきました。オンライン、オフラインの講座受講者数は33,000名以上です。

　これらの経験を元に、データサイエンス、機械学習を今から学び始める方向けの書籍を執筆しました。本書では、難しい言葉や難解な数式は省き、一般的なわかりやすい言葉で解説することに努めました。専門家の方から見るとやや粗雑に感じる表現もあると思われますが、初学者にざっくり概要を掴んでいただくことを目的としているため、ご容赦いただければと思います。

　本書をきっかけに、多くの方にデータサイエンスを身近なものだと認識していただき、より興味を持っていただける方が増えることを願っています。是非楽しみながら学んでいただければ幸いです。

2020年　6月

今西 航平　西沢 衛　酒井 健三郎

Contents 目　次

A book to explain with figure

データサイエンスの活用事例と手法

学習ロードマップ

Chapter 1

データサイエンスとは

近年注目を集めている
データサイエンスは一体何なのか
についてお伝えします。

A book to explain
with figure

データサイエンスの概要

A book to explain with figure

●データサイエンスとは

データサイエンスとは、与えられたデータから何かしらの価値を見出し、次の行動にその価値を活かすことを指します。次の行動とは、主にビジネスの課題解決や意思決定に繋がる行動を意味します。

データサイエンスを駆使する人をデータサイエンティストと呼び、データサイエンティスト協会によると、データサイエンティストには三つの力が必要だとされています。その力とは、①ビジネスに存在する課題を把握し、②課題に対しデータ解析を行い、③解決への活路を見つけ、その解決策を継続的に利用可能な形に変えていくこと、と提示されています。

企業でデータサイエンスを推進していく際、三つの領域を全て1人でこなせる人材を確保するのは非常に難しく、このような人材が滅多にいないことは、読者のみなさんもお気づきかと思います。では、各領域に特化した人材だけ集めればデータサイエンスが成り立つのかというと、そういうわけではありません。三つの円が交わっているように、各領域に精通しつつも他の領域もしっかりと理解していることが非常に重要です。

お互いを理解した上で、不得手な部分を補完しあえる人材を集めることがデータサイエンス活用への第一歩に繋がります。

○データサイエンスとは、価値を見いだし行動に活かすこと。

○データサイエンスには三つのスキルが必要。

データサイエンティストとは

データサイエンスとは

| データ | 課題発見 | 解決策 | 実行 |

データサイエンティスト協会が定めるスキル

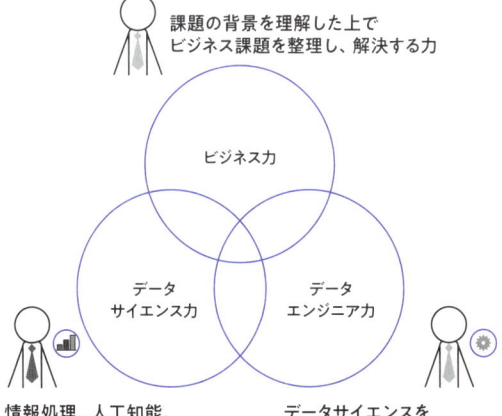

課題の背景を理解した上で
ビジネス課題を整理し、解決する力

ビジネス力

データ
サイエンス力

データ
エンジニア力

情報処理、人工知能、
統計学などの情報科学系の
知恵を理解し、使う力

データサイエンスを
意味のある形に使えるようにし、
実装・運用できるようにする力

参考：データサイエンティスト協会HP

データサイエンスで
用いるデータとは

A book to explain with figure

●データ量の増加

数年前からよく耳にする**ビッグデータ、統計学、データサイエンス、人工知能、クラウド、IoT（Internet of Things）**といった言葉が世の中に浸透し始めてから、Webや様々なデバイス等から得られるデータの量が増えてきています。データを収集する手段が増えてきたのも大きな要因ですが、データをさばくマシン性能の向上やクラウドといった技術の発展により、多くの人々がデータを手軽に扱えるようになってきています。

身近な例を挙げると、Apple Watchといったスマートウォッチなどの登場により、**デバイス経由で身体データを簡単に取得**することができるようになっています。次節以降でもお伝えしていきますが、**簡単かつ高速に、大量のデータを収集**できるようになったのは近年の大きな変化です。

●データの種類

皆さんの身の回りには様々な種類のデータが存在します。普段扱っているExcelのようなテーブルデータ、提案資料や社内文書等のテキストデータ、顔写真等の画像データ、システムの記録を残しておくための日々のログデータや音声などもデータです。世の中には様々な場所にデータが存在し、**ITの発展やマシン性能の向上により、日々データ量が増えています。**

○様々なテクノロジーの発展によりデータ量が増加。

○身の回りには様々な種類のデータが存在。

データ量の増加・データの種類

データサイエンスとは

活動量　心拍数

睡眠記録

（例）
スマートウォッチ

クラウドコンピューティングや様々なデバイスの登場で
簡単かつ高速に、大量のデータを収集できる時代に

データの種類

テーブルデータ　　テキストデータ　　画像データ

LOG

ログデータ　　音声データ

データの活用について

● データの集計

どのような場面でデータが活用されているかについて、大きく三つの場面でご紹介します。

まずは、**データの集計**です。IoTやクラウドの発展で様々なデバイスからデータを集めることができますが、集めるだけでは意味がなく、しっかりと**集計することが重要**です。

例えば、社内でアンケート調査が行われ、社員1万人分のアンケート結果が集まったとしましょう。その結果をチームに共有するときに、1万人分の用紙をばらばらに配るのではなく、その特徴を捉えてひと目で確認できるように集計しておくと便利ですよね。みなさんがExcel等の表計算システムで行うシーンをイメージしていただくとわかりやすいです。

馴染みのある**平均**といった観点で見ることもありますし、**標準偏差**といったものを用いることもあります。これらを伝えることで、全体としてどういう状況であるかを簡単に理解することができます。平均や標準偏差といった指標を**統計量**と呼び、最大値や最小値、中央値などもそれにあたるので覚えておきましょう。

● データの活用場面は大きく集計、可視化、予測の三つ。

● データの予測を行える機械学習が本書のメイントピック。

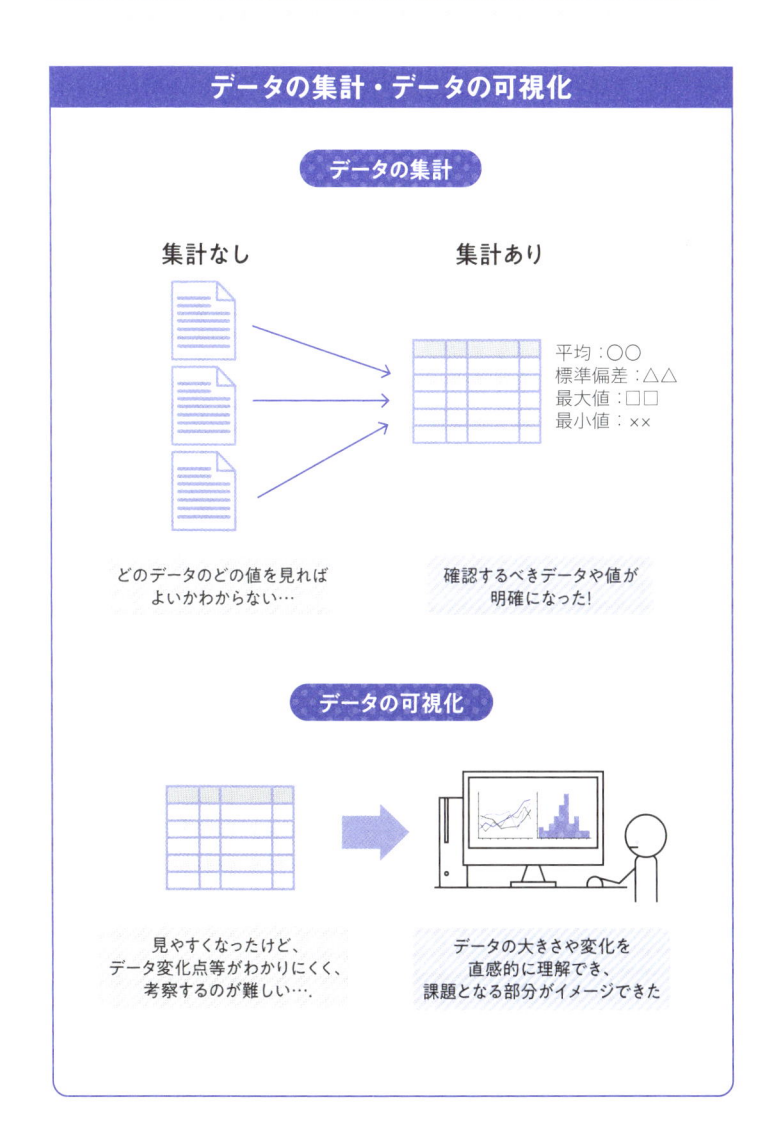

データの集計・データの可視化

データの集計

集計なし　　　　　　　　集計あり

平均：○○
標準偏差：△△
最大値：□□
最小値：××

どのデータのどの値を見れば
よいかわからない…

確認するべきデータや値が
明確になった！

データの可視化

見やすくなったけど、
データ変化点等がわかりにくく、
考察するのが難しい….

データの大きさや変化を
直感的に理解でき、
課題となる部分がイメージできた

●データの可視化

次に、データの可視化についてです。データを集計することももちろん重要ですが、データの特徴を表した統計量（数値）を確認するよりも、グラフ等を用いてデータを可視化したほうが理解しやすい場合が多くあります。理解しやすいだけではなく、なにかしらの知見を得やすかったりします。

近年、TableauやPower BIといったBIツールの登場もあり、データを可視化するのが容易になっています。BIツールとは、データを分析し、可視化して意思決定の迅速化を助けるためのツールです。

●データの予測

最後は、データの予測についてです。データの可視化は基本的に、現在の情報を見ることだけで終わってしまいます。しかし、「現在の売上がどうなっているか」に加えて「来月の売上がどうなるか」といった未来のデータも知りたいですよね。最近では、集計や可視化に留まらず、データの予測にも大きな注目が集まっています。

与えられた過去のデータの傾向に基づいて、未知なる値への予測ができる技術を機械学習と呼び、本書ではこの機械学習に焦点を当てて話を進めていきます。

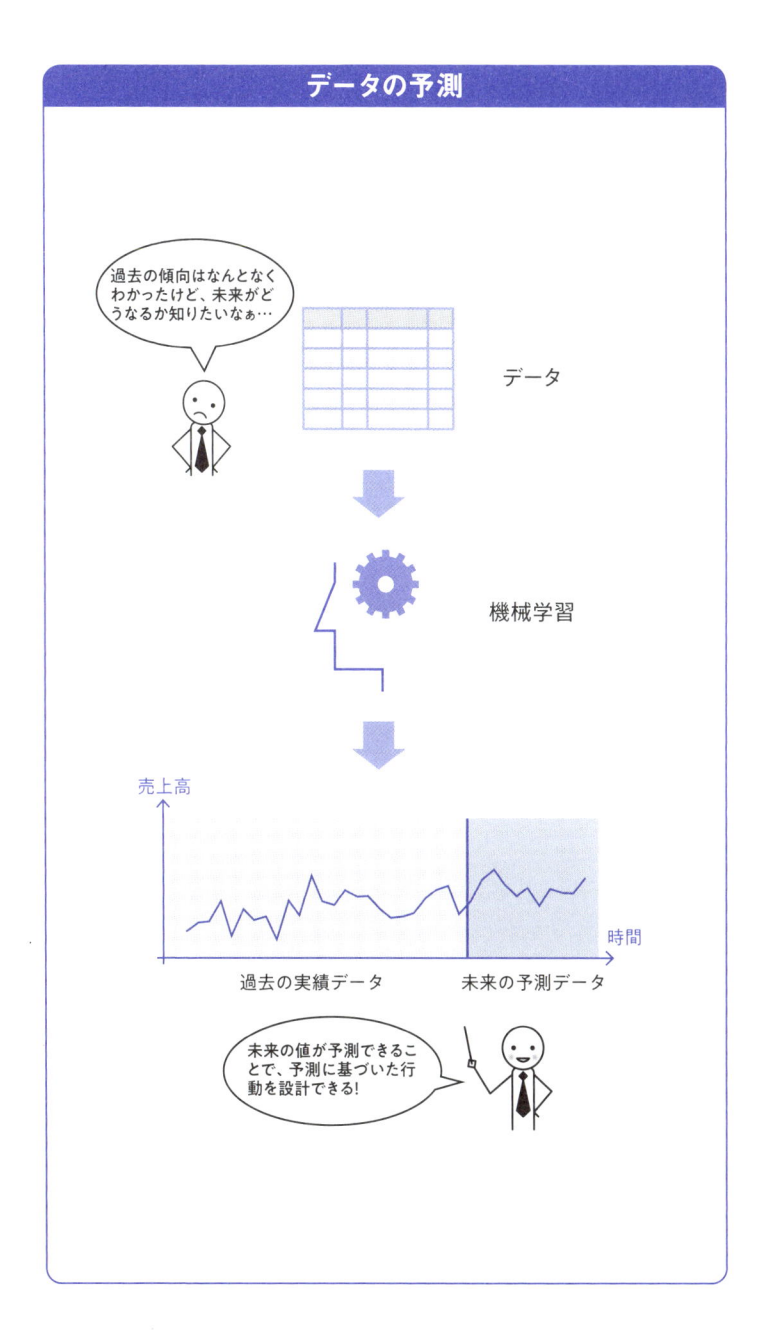

データサイエンスを学ぶ
メリット

A book to explain with figure

●データサイエンスの需要

多くの企業が近年、データサイエンス、AI、デジタルトランスフォーメーション（DX）といったキーワードで社内の人材育成方針を定めています。AIやDXの中を見てみると、部分的にはデータサイエンスが入っていることがほとんどです。つまり、どの企業もデータサイエンスのスキルを持った人材を求めているわけです。

必ずしもプログラミングや数学が得意である必要はなく、BIツール等のツールを用いた分析ができることも立派なデータサイエンスです。少なからず、データサイエンスの全体像や用語を知っておくことは非常に重要です。

データサイエンスは、意思決定の迅速化、業務の効率化や自動化、自社サービスの改善といった様々なシーンで活用されています。多くの企業でデータに基づいた判断、俗にいうデータドリブンな判断を求められている中で、データサイエンスはビジネスパーソンにとって欠かせないスキルとなります。

○ データサイエンスは今後、ビジネスパーソンにとって欠かせないスキルとなる。

データサイエンスの需要

多くの企業でデータサイエンスのスキルを持った人材の需要が増加している

データサイエンスがわかる
人材を育成しよう

AI人材を
育成しよう

社内でDXを
推進していこう

経産省の委託調査によると、2020年に先端IT人材約**5万人**が不足。
先端IT人材を毎年約**2〜3万人**育成することが急務と言われている。

※先端IT人材とは、ビッグデータ、IoT、AI等を担う人材のこと。

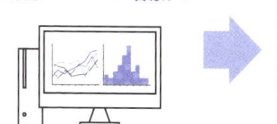

支援ツールの増加で

・数学の知識不要
・難しい専門知識不要
・GUI で操作が簡単 　など

専門知識がなくてもデータサイエンスのスキルを身につけられる

データサイエンスができると

・意思決定の迅速化
・業務の効率化や自動化
・自社サービスの改善 　など

様々なシーンで活用できる

Chapter 2

機械学習とは

機械学習の大枠から
機械学習で扱うデータについて学びます。

A book to explain
with figure

AI・機械学習・ディープラーニング

A book to explain with figure

● AI・機械学習・ディープラーニングの違い

はじめに、重要な三つの用語とその違いからです。

まずは、**人工知能**です。人工知能は英語でArtificial Intelligence（AI）といい、三つの用語の大枠を担う**概念**となります。人間の知能を人工的に機械で表現しようとしたことからこのような名前となっています。ざっくりと、**コンピュータを用いて人間の知能のはたらきを人工的に実現したもの**だと思ってください。

次に、**機械学習**です。機械学習は、与えられたデータから、未知のデータに対しても当てはまる規則やパターンを抽出したり、それらを元に未知のデータを分類、予測したりすることを指しています。数値の予測、画像の分類などがそれに当たります。

最後に、**ディープラーニング**です。機械学習には、回帰分析、SVM、決定木分析といった手法があり、その内の1手法がディープラーニングです。1手法ではありますが、画像や音声、自然言語といった様々な分野で活用されています。直近のAIブームもこのディープラーニングが火付け役となりました。

● AI > 機械学習 > ディープラーニング。

● AI ブームの火付け役はディープラーニング。

AI・機械学習・ディープラーニング

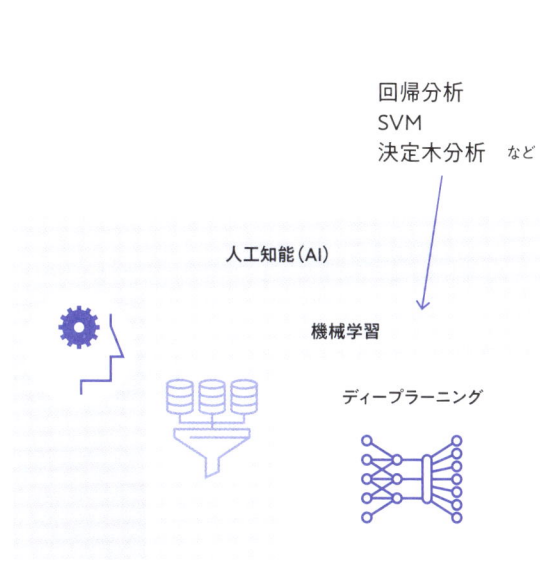

回帰分析
SVM
決定木分析　など

人工知能（AI）

機械学習

ディープラーニング

人工知能:人間の知能の働きを人工的に実現したもの
機械学習:未知のデータに対して分類や予測を行う
ディープラーニング:機械学習の1手法

機械学習の3大トピック

A book to explain with figure

● 教師あり学習、教師なし学習、強化学習

機械学習は、**教師あり学習、教師なし学習、強化学習**の三つに分かれており、ここではそれらの各概要をお伝えします。

教師あり学習は、答えとなるデータ（目標値）も一緒にモデルに学習させる方法です。前節でお伝えした男性の画像と、男性（目標値）を一緒に学習させるのが教師あり学習です。売上等の数値を予測する**回帰**と、商品等のカテゴリを予測する**分類**に分かれています。

教師なし学習は、答えがない学習方法です。**与えられたデータの特徴や法則を自動的に抽出します。**代表的なものとして、特徴の似ているデータをグルーピングする**クラスタリング**と、データから重要な情報を抽出し、変数の数（次元）を削減する**次元削減**に分かれています（詳しくは後述）。

強化学習は、入力データも答えとなるデータ（目標値）もなく、**自ら試行錯誤を繰り返しながら最適な行動を学習する方法**です。お掃除ロボットルンバをイメージしていただけるとわかりやすいです。囲碁の世界トップ棋士に勝利したAI、**AlphaGo**の中身は強化学習です。

○ 教師あり学習、教師なし学習、強化学習によって、必要な
データの形式やできることが異なる。

教師あり学習、教師なし学習、強化学習

	目標値	手法	動き
教師あり学習	○ ある	**回帰** 数値予測 **分類** カテゴリ予測	答えとの誤差を小さくする
教師なし学習	× ない	**クラスタリング** 特徴の似ているデータをグルーピング **次元削除** 重要な情報を抽出し次元（変数の数）を削減	データの特徴をつかむ
強化学習	−	試行錯誤を繰り返す （例）お掃除ロボットなど	最適な行動を自ら学習

学習と推論

A book to explain with figure

●学習と推論を人間に例えてみた

機械学習を学んでいく上で、非常に重要な二つのステップである学習と推論についてお伝えします。

まずは、学習と推論を人間に例えてみましょう。0歳の赤ちゃんを想像してください。0歳の赤ちゃんが初めて犬を見たとしましょう。その時に赤ちゃんが犬を指差して「いぬ！」と認識することはできるでしょうか。もちろん答えはNoです。

初めて犬を見るので、人間よりも小さくて四つ足で歩いている生物が犬だと知らないわけです。それではなぜ、赤ちゃんが成長していくと犬や猫を認識することができるのでしょうか。

そうです、赤ちゃんと一緒にいる親が「あれは犬っていうんだよ」と答えを教えるわけです。1回だけではなく、2回、3回と、赤ちゃんが見た生物が「犬」であるということを覚えさせていく、この過程が学習にあたります。人間に対して使用する「学習」と似た意味で捉えることができます。

そして、学習の過程を経た赤ちゃんが犬を見たとき、赤ちゃん自身の口から「犬！」と発することができるようになるわけです。このように、学習した結果を元に何かの出力を行うことを、機械学習では推論と呼びます。

○ 学習と推論は人間の学習過程と同じ。

○ 答えとなるデータを目標値と呼ぶ。

人間の学習と推論

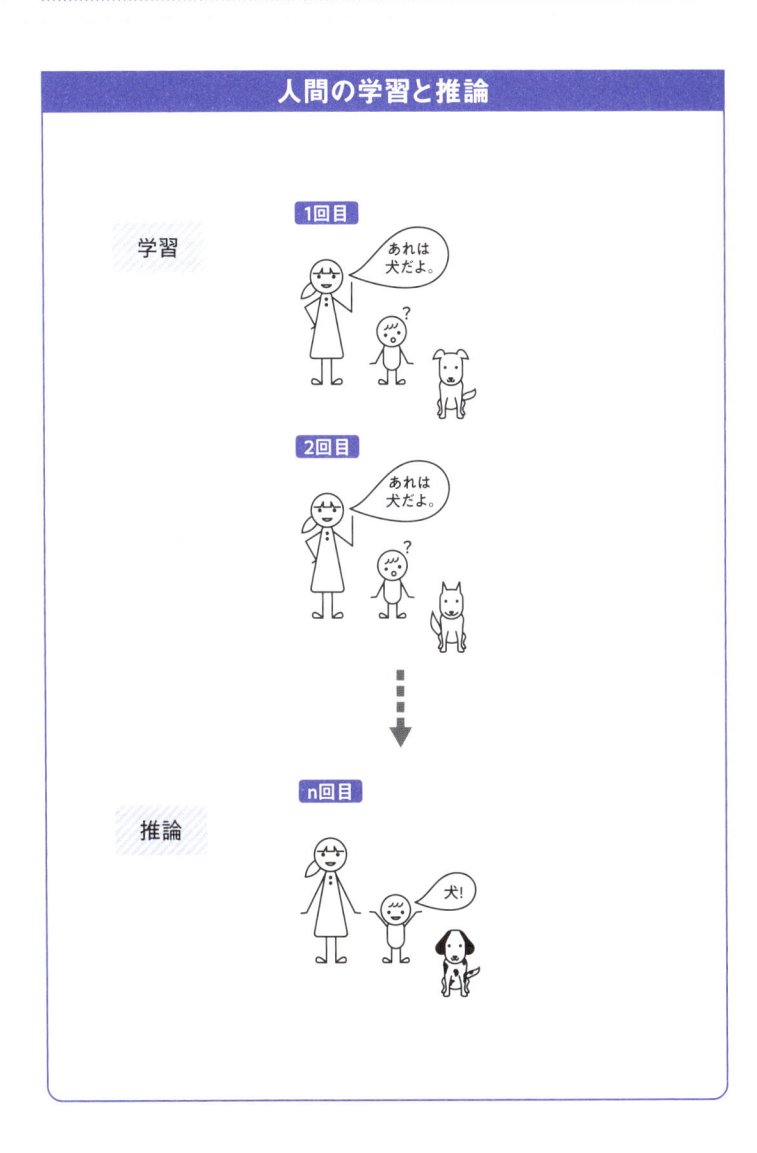

● 男女の顔画像分類を例に考える

　男性と女性の画像を使います。今回の例では、ある画像（1人が写った顔写真）を入力として、この画像内に写っている人間が、男性か女性かを見分けたいという問題設定にします。

　まずは、男性の画像を入力データとして渡します。入力データに紐づく形で出力データである男性という情報を渡します。今回は男性か女性か見分けるという問題設定であるため、男性というデータは答えにあたり、これを**目標値**と呼びます。目標となる値ということでしっくりくる用語ですね。学習では、ある入力と出力に対して情報を紐づけてあげるために「この入力を行うとこの出力が得られる」といったデータを渡して、その規則性を見つけるわけです。

　女性の画像も同様に、入力データとなる画像と、目標値（女性）を渡します。もちろん、1枚ずつではなく複数のデータをインプットする必要があります。

　学習後、学習済みモデルを用いて推論を行います。つまり、新しい未知の画像を入力し、その画像が男性か女性であるかを判定します。これが推論であり、推論結果が良くなるように、つまり、男性画像を男性である、女性の画像を女性であると、しっかりと判定できるように学習させていく必要があります。

男女の顔画像分類

学習

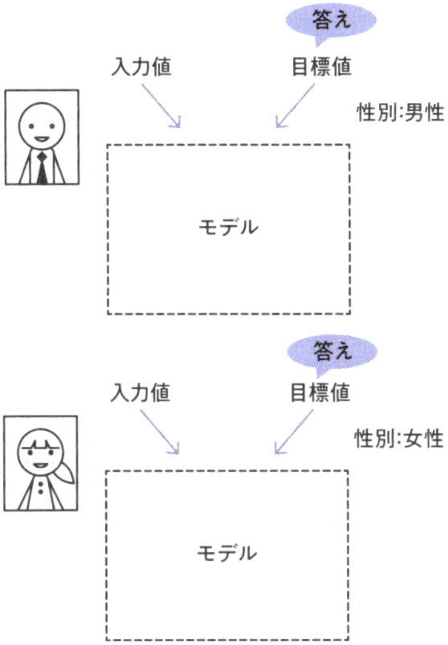

答え

入力値　　　目標値

性別:男性

モデル

答え

入力値　　　目標値

性別:女性

モデル

数枚ではなく、数百、数千といった数の
画像を学習させる必要がある

推論

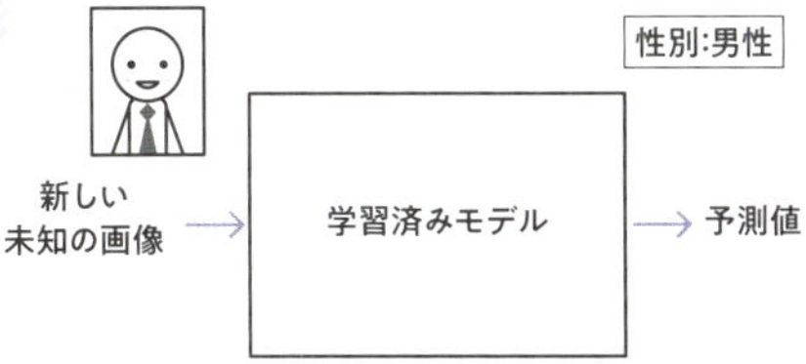

性別:男性

新しい
未知の画像　→　学習済みモデル　→　予測値

パラメータとモデル

A book to explain with figure

●パラメータとは

　機械学習を理解する上で必要な**パラメータ**についてお伝えします。パラメータとは、どのような基準で予測するべきかを決定する指標となります。機械学習は入力値と目標値の誤差を小さくする必要があります。その誤差を小さくするために調整すべき値がパラメータです。前節の男女の顔画像分類でいうと、髪の長さや顔の大きさといった特徴を元に、どの基準で男女を識別するかがパラメータとなります。

●モデルと学習済みモデル

　モデルというのは、広義の意味で使用されている用語ではありますが、機械学習では「**データの特性を数式で表現したもの**」だと認識していただければと思います。モデル自体はデータの規則性を表現した数式が入る箱のようなものであり、明確な式が定まっているわけではないものを指します。

　学習後、数式が明確になったものを**学習済みモデル**と呼びます。パラメータが定まった計算式が箱に入っているイメージです。慣れればイメージが湧いてくる用語ではあるので、ぜひ本書でモデルという言葉の理解も深めていきましょう。

● このセクションのポイント

○ **機械学習はパラメータを調整してより良い結果を導く。**

○ **モデルと学習済みモデルが機械学習では重要。**

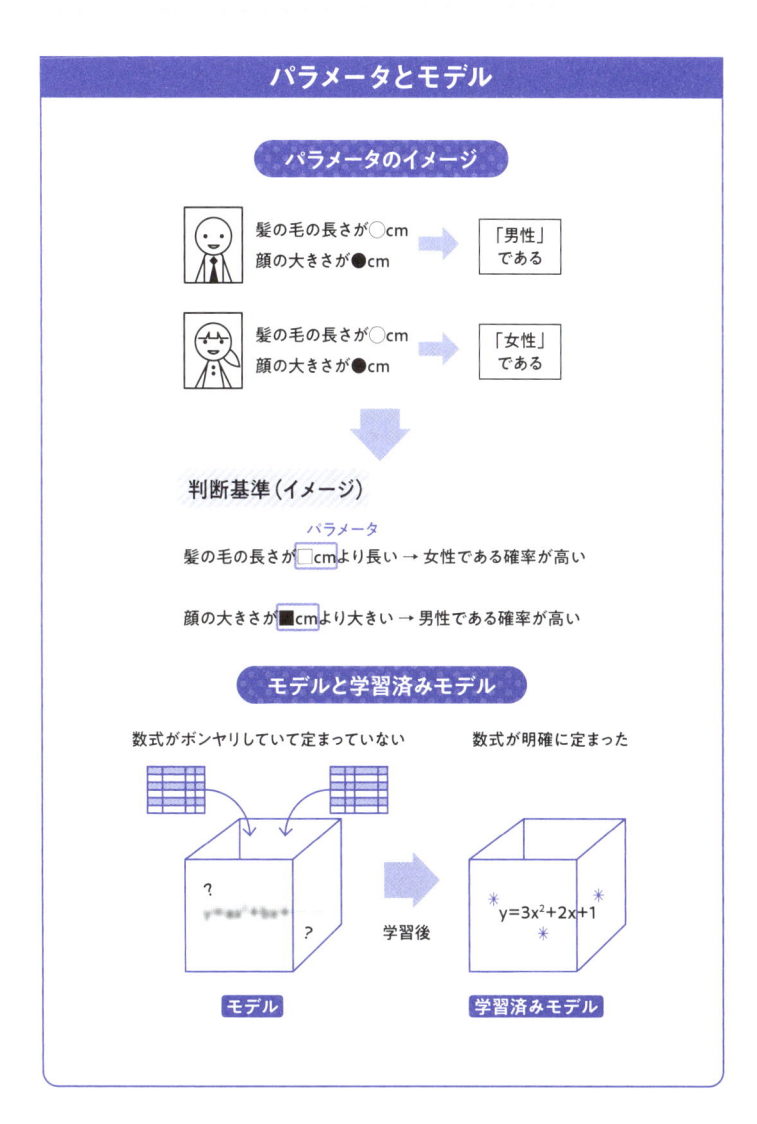

パラメータとモデル

パラメータのイメージ

髪の毛の長さが○cm
顔の大きさが●cm → 「男性」である

髪の毛の長さが○cm
顔の大きさが●cm → 「女性」である

判断基準(イメージ)

パラメータ
髪の毛の長さが□cmより長い → 女性である確率が高い

顔の大きさが■cmより大きい → 男性である確率が高い

モデルと学習済みモデル

数式がボンヤリしていて定まっていない　　　数式が明確に定まった

?
y=ax²+bx+
?

学習後

y=3x²+2x+1

モデル　　　　　　　　　　　　　学習済みモデル

機械学習で扱う
データとは

●オペレーショナル・アナリティカルデータ

　みなさんの会社、特に大企業には多くのデータが蓄積されていますよね。社内に溜まっているこれらのデータをそのまま用いて機械学習を行えば、ビジネスに活かせる価値を見出すことができるのでしょうか。答えはNoです。

　普段蓄積しているデータは、あくまで何かの記録を残しておいたり、社員情報やシステムへのアクセス記録といった、事業を回してく上で必要なデータであり、解析するためのデータではありません。このように、普段溜めているデータを**オペレーショナルデータ**と呼びます。オペレーショナルデータをいかに解析できるようなデータ、**アナリティカルデータ**に変換できるかが非常に重要です。

●非構造化・構造化データ

　基本的に機械学習で扱えるデータは、Excelやcsvのように行と列を持つ表形式データかつ、中身が数値である必要があります。表形式データのようにデータ構造がわかりやすくなっているデータを**構造化データ**と呼び、機械学習ではこの構造化データを主に扱っていきます。しかし、身の回りにある多くのデータは、テキストや画像、音声のように構造化されていない**非構造化データ**です。

　一昔前までは、非構造化データを扱うのは難しかったのですが、ディープラーニングの登場、発展により、非構造化データへのアプローチも徐々に可能になってきました。

○ **機械学習にはアナリティカルデータが必要。**

○ **特徴量エンジニアリングは実務で欠かせないテクニック。**

構造化データ・非構造化データ

構造化データ

表形式データのように
データ構造がわかりやすく
なっているデータ

機械学習では基本的に
構造化データを用いる

非構造化データ

テキストデータ、画像データ、音声データなど、
構造化されていないデータ

ディープラーニングの発展により
非構造化データへのアプローチが可能に

●特徴量と特徴量エンジニアリング

最後に、より良い精度を出すために重要な**特徴量**と**特徴量エンジニアリング**についてお伝えします。

特徴量とは、データの**特徴**を定量評価した値のことです。例えば、ある物件の部屋の広さや駅からの距離といった情報は、その物件の特徴を定量的に表している値ですよね。これが特徴量です。物件の例はシンプルですが、データの特徴をしっかり表している特徴量を見つけ出すことは非常に重要であり、データに関する専門知識が問われる領域です。

特徴量エンジニアリングとは、既存の特徴量から新たな特徴量を生み出す方法です。例えば、人口数と面積という特徴量から人口密度という新たな特徴量を導き出すのが特徴量エンジニアリングであり、実務でも欠かせないテクニックです。

特徴量・特徴量エンジニアリング

特徴量

特徴量とは、データの**特徴**を定量評価した値のこと

	広さ	駅からの距離	階数	家賃
物件A	20	8	2	7.8
物件B	30	5	5	10
物件C	40	8	6	13
物件D	20	3	3	10
物件E	38	4	5	12

特徴量エンジニアリング

特徴量エンジニアリングとは、既存の特徴量から
新たな特徴量を生み出す方法

	変数A （人口数）	変数B （面積）	変数C （人口密度）
A市	2500	50	50
B市	3000	100	30
C市	2000	100	20
D市	4000	50	80
E市	4200	1440	30

Chapter 3

データサイエンスの
活用事例と手法

機械学習が扱われる領域を
活用事例を交えて
技術ごとに紹介していきます。

A book to explain
with figure

回帰と分類の違い

A book to explain with figure

●回帰と分類

　機械学習は「教師あり学習」「教師なし学習」「強化学習」と分かれますが、実ビジネスで扱われるのは「教師あり学習」がほとんどです。教師あり学習の予測は大きく分けて、**回帰**と**分類**の二つです。

　回帰とは、ひと言でいうと**「数値」の予測**です。3.25, 10.245, 254.4 など、小数点を含めた数値だと捉えてください。例えば、立地条件のデータから家賃を予測する、環境のデータから農作物の生産量を予測するなどです。

　分類とは、ひと言でいうと**「カテゴリ」の予測**です。例えばワインの成分からどの等級に属するかを分類する、診療情報から病気の有無を分類するなどです。実際にはカテゴリの分類は0, 1, 2と数値で予測されるため、正確にいえば回帰が**連続値（小数）**、分類が**離散値（整数）**と捉えることができます。このように見ると、どちらも同じような予測を行っていることがわかります。

　グラフで表すと、データに沿った線を引くのか（回帰）、データを分ける線を引くのか（分類）といったイメージです。

- 回帰は数値の予測、分類はカテゴリの予測。
- 連続値・離散値と捉えると回帰も分類も似た概念。

回帰と分類

教師あり学習の予測

回帰	分類
数値（連続値）を予測	カテゴリ（離散値）を予測
0.2, 10.34, 213.534, ⋯	0, 1, 2, 3, ⋯

回帰

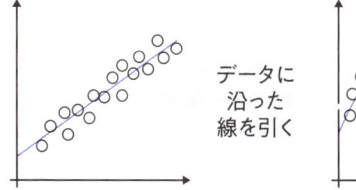

データに沿った線を引く

分類

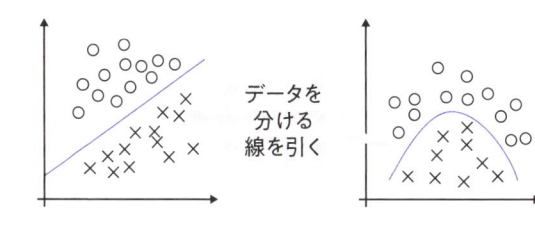

データを分ける線を引く

データの種類

●データの種類

　表データとは、横と縦が揃った表形式のデータのことで、Excelを想像するとわかりやすいです。横（行）方向はデータのサンプル、縦（列）方向はデータの特徴量を表します。家賃の予測でいえば、行方向には一軒一軒のサンプル、列方向には家賃一軒の部屋の広さや駅からの距離などの特徴量が入ることになります。

　従来の機械学習では、横と縦が揃って構造化された表データを用いましたが、ディープラーニングでは、**画像データ・テキストデータ・音声データ**など、構造化されていないデータを扱うことができます。これにより人間の見たり、聞いたり、話したりする作業を機械が代替できる可能性が見いだされAIブームに一気に火が付きました。

　次節から様々なデータを扱っていきますが、入力するデータとそこから何を予測するのかという、**インプットとアウトプットの関係性**を意識してみてください。計算の詳細は押さえなくとも、この関係さえ押さえておけば、活用のイメージができます。

o **表データはExcelのイメージ。**

o **インプットとアウトプットの関係を押さえる。**

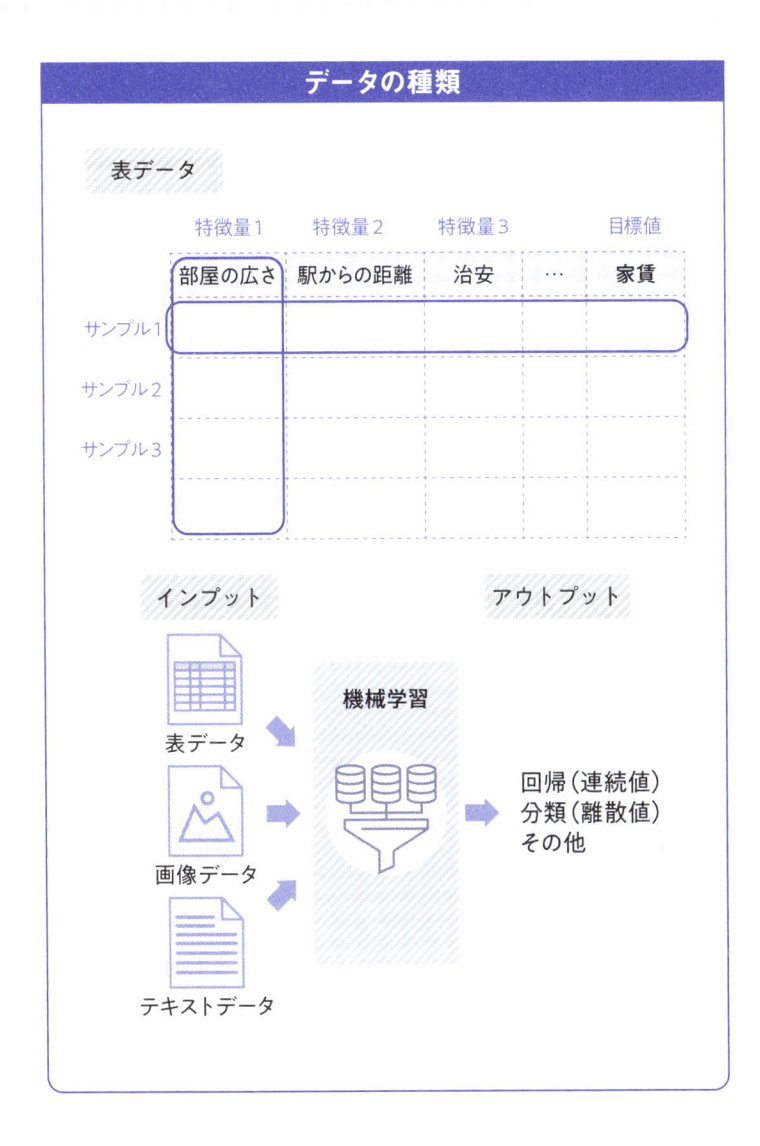

表データにおける回帰

A book to explain with figure

●回帰とは

　家賃の予測を例に考えてみましょう。特徴量が部屋の広さである場合、その特徴量から家賃を予測することになります。部屋が広ければ広いほど、家賃が上がるという関係性はイメージが湧くかと思います。この関係性が直線で表され、その数式さえ求めることができれば、適当な部屋の広さから家賃を予測できるようになります。

　上記の例は特徴量が一つの場合ですが、実際は特徴量が複数ある場合がほとんどです。家賃を予測するにも、部屋の広さだけでなく、駅からの距離、治安など、複数の要因が関わってきます。部屋が広ければ家賃が上がる、駅から遠ければ家賃が下がる、治安が良ければ家賃が上がる、この関係性を同時に満たす計算式を機械がデータから学習し、**複雑な予測が可能**となります。

　この**学習の手順と計算式をアルゴリズム**と呼びますが、回帰のアルゴリズムはいくつも存在します。それぞれ、数式の解釈がしやすい、精度が高く出やすいなど強みを持っています。ただし、**最適なアルゴリズム**は事前に決められないことを押さえておきましょう。実際に学習させ、結果を確認して初めてどのアルゴリズムを使用すべきかがわかります。

○ 表データを用いて複雑な予測を行うことができる。

○ アルゴリズムは状況に応じて使い分ける。

表データにおける回帰

特徴量が一つ

部屋の広さ	家賃
25	7
31	10
44	15
…	…

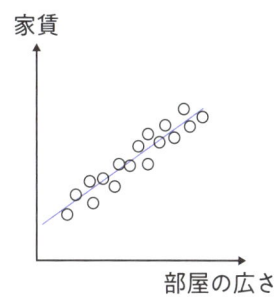

特徴量が複数

部屋の広さ	駅からの距離	治安	…	家賃
25	1.2	3		7
31	2.0	1		10
44	0.7	2		15
…	…	…	…	…

回帰のアルゴリズム

線形回帰・サポートベクトルマシン・決定木

ランダムフォレスト・ニューラルネットワーク

XGBoost・LightGBM

● 表データにおける回帰の活用例

それでは、活用例を見ていきましょう。

店舗の来客予測であれば、気象データや季節性、立地などを元に来客数を予測します。来客数が予測できれば、店舗の人員配置や、物流管理、プロモーション戦略などに役立てることができます。

農作物の生産予測であれば、肥料の種類や水やりの頻度、ビニールハウス内の環境データ、気象データなどのデータを活用し、収穫量や収穫時期などを予測します。これにより集客作業に必要な人員や流通先の事前確保などが可能になります。

実際の企業の活用例も見ていきましょう。

三井化学株式会社[※1]では、**化学プラントの蒸気の需要を予測**することで、蒸気ロスや燃料消費を抑制し、省エネルギー化、電力、燃料、給水コストなどの最適化を実現しました。

株式会社JCB[※2]では、**コールセンターの入電数の予測**を行い、予測業務の非属人化を進めています。ちなみに概念実証の段階で99.8%の予測精度を獲得できたとのことです。

機械学習を扱う際に重要なポイントは、その使用目的です。上記の例にもあるように、予測自体を目的にするのでなく、ビジネス上の**課題解決のための一つの手段として使用**するべきであることを押さえておきましょう。

表データにおける回帰の活用例

活用例:店舗の来客予測

課題：混雑日とそうでない日で人員の過不足が出てしまう。

データ解析

目標値

気象データ	季節性	立地	…	来客数
…				

結果:来客数を予測することで各店舗の人員配置を適切に割り振り、人件費の無駄がなくなった。顧客満足度も向上した。

活用例:農作物の生産予測

課題：農作物の収穫量が見通せず、事前に流通先の確保が難しい。

データ解析

目標値

肥料の種類	水やりの頻度	室温	…	収穫量
…				

結果:収穫量を予測し、事前に流通先を確保できることでスムーズな出荷が可能になった。その結果、売上が向上した。

※1　http://www.brainpad.co.jp/news/2017/06/13/5524?_ga=2.250978254.913356339
.1593549494-866788481.1583692640

※2　https://www.magellanic-clouds.com/blocks/customers/jcb/

表データにおける分類

●分類とは

表データにおける分類は、前節の表データにおける回帰とほとんど同じなので、理解は難しくありません。使用するデータ形式も同じです。何が異なるかというと、**目標値が連続値（小数）でなく離散値（整数）**、つまり0, 1, 2などのカテゴリとなることです。これにより予測値を算出するアルゴリズムも回帰と異なりますが、まずは詳しく知らなくても問題ありません。用意するデータと予測できる内容をイメージできることのほうが重要です。

●確率の算出

分類問題においてカテゴリを0, 1とした際、0の可能性が70％、1の可能性が30％と確率を算出した上で分類することもできます（分類結果は確率の高い方、つまり0となる）。

この確率をうまく用いて、確率が低い予測の場合、代わりに人間が判断を下すというリスクヘッジもしばしば行われます。確率の算出は、アルゴリズムによってできるものとできないものがあります。

● **表データにおける分類と回帰は目標値が異なる。**

● **カテゴリ予測の前に確率の算出をすることができる。**

表データにおける分類

回帰と比較

目標値が
カテゴリとなる

アルコール度数	色	産地	…	ワインの等級
13	25	2		0
17	120	3		1
25	63	5		0
…	…	…		2

確率の算出

確率を算出できる
アルゴリズム
➡
カテゴリ予測
0：70%
1：30%
➡
分類：0

この確率を使用
することも可能

分類のアルゴリズム

ロジスティック回帰・K近傍法・サポートベクトルマシン
決定木・ランダムフォレスト・ニューラルネットワーク
XGBoost・LightGBM

●表データにおける分類の活用例

病状診断では、年齢、身長、体重、血圧、病歴などから病気を診断します。診断は、病気か、そうでないかの2カテゴリの分類になります。医師の判断を機械に学習させることで、診療を効率化することができ、医師不足の解消に繋げることができます。

ローン審査では、年収、勤続年数、住居形態、預金額、ブラック状況、クレジット決済履歴などからローンの可否を判定します。ローンを組めるか組めないかの分類です。担当者の専門的な知見を機械に学習させ、人員削減することができます。

タクシーの配車予測では、人口データやタクシーの走行データ、気象データ、交通機関の運行状況、周辺施設データなどを複合することで、乗車の多いエリアを予測します。ベテランの経験を機械に学習させることで、新人でも効率よく移動することができ、売上向上に繋げることができます。

試験薬の効果予測では、化合物のデータを用いて、合成される新薬に期待している効き目が出るかどうか、毒性があるかないかなどを分類します。実験を行わずともある程度あたりをつけることができるため、実験の回数を減らすことができます。

実際の企業の活用例では、広島銀行※が**融資における審査業務**に機械学習の予測を用いた例があります。審査精度の向上や審査期間の短縮、審査の一部自動化等による高付加価値サービスの提供とコスト削減を目指しています。

表データにおける分類の活用例

活用例:病状診断

課題:病院で医師が不足しており、診療が間に合わない。

データ解析 目標値

年齢	血圧	病歴	…	病気
…				

結果:問診票から病状の予測ができるようになり、ある程度あたりをつけてから診療することで診療時間が短縮された。

活用例:ローン審査

課題:ローン審査が属人化しており、時間がかかっていた。

データ解析 目標値

年収	住居	預金	…	ローン可否
…				

結果:ローン審査を自動化することで、多くの件数をさばくことができるようになった。専門人材も少数の雇用で済んでいる。

※ https://www.hirogin.co.jp/ir/news/paper/newsI70206-2.html

時系列予測

A book to explain with figure

●時系列データとは

　時系列予測も表データを元に予測するので、すでに紹介した回帰・分類と同じ括りになります。ただし、データに関してこれまでとは異なる特徴があります。それは**表データの横（行）方向が時系列に沿って並べられている**ことです。

　家賃予測の例でいえば、行方向は一軒一軒のデータになりますが、時系列順に並んでいるわけではなく、一軒目と二軒目のデータを並び替えても問題はありません。しかし、例えば株価の時系列データの場合、1日目と2日目を並び替えてしまうと意味をなさないデータとなってしまいます。この性質上、アルゴリズムも変わるため、時系列予測は前節の回帰・分類とは異なる領域として紹介しています。

　また、データ間を線で結びプロットすると、**変化が可視化できる**のも時系列データの特徴です。

　表データは、ディープラーニングのように画像・テキストなどとデータの種類が限定されず、需要予測や病気診断、ローン審査など、表形式（Excelデータ）で表すことのできる**様々なデータが想定される**ため、その分活用の幅も広くなります。次の例を参考にしながら、ぜひ自身の身近な問題への適用も考えてみてください。

● 時系列予測とは、表データの行方向が時系列順になっているデータの予測で、幅広い活用例がある。

時系列予測とは

時系列データとは

日にち	株価	…	…	…
4/1	○○○			
4/2	△△△			
4/3	□□□			

時系列データのプロット

●時系列予測の活用例

それでは時系列予測の活用例を見ていきましょう。

電力の需要予測では、各家庭の過去の電力使用量や、地域の気象データ、衛星データから電力の需要を予測します。数値を予測するので回帰に当たりますが、過去の電力使用量が時系列で繋がっているため、時系列予測となります。この予測により、電力供給の調整や、価格の変動（ダイナミックプライシング）が可能となります。

商品の在庫予測では、過去の売上や、商品の価格、立地、店舗のプロモーションから、各店舗に適した在庫数を予測します。これにより、生産量の調整や、物流の最適化が可能です。前節の回帰でも似たような例を扱いましたが、過去の売上という時系列の特徴量があるかどうかに違いがあります。

他にも、感染者数の推移を用いた病気の流行予測や、過去の来客情報を用いた来客数予測、気象データを用いた天候の予測、過去の株価データを用いた株価予測など、時系列予測は多岐に渡る領域で活用されます。

時系列予測は**異常検知**にも使われます。

JFEエンジニアリング株式会社[※1]では、各種プラントの操業データを収集・蓄積し、異常検知を行いました。概念実証の段階では、約3日前に異常予兆が検知でき、プラントの安定操業に有効であることが確認できたとのことです。

大阪ガス株式会社[※2]では、センサーデータを用いた異常検知に取り組んでいます。概念実証の段階では、誤検知を抑えつつ最長で1週間前に予兆を検知することができたようです。

時系列予測の活用例

活用例：電力の需要予測

課題：地域ごとに電力供給に過不足が出てしまう。

データ解析

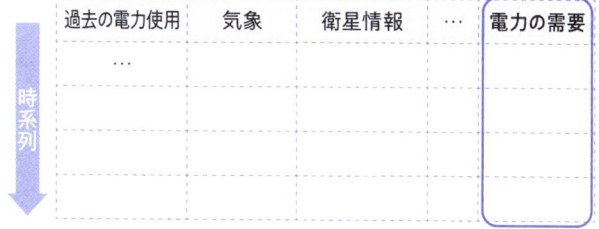

	過去の電力使用	気象	衛星情報	…	電力の需要（目標値）
時系列	…				

結果：電力の需要を予測することで、供給量の調整が可能となった。また価格変動も柔軟に対応でき、利益率が向上した。

活用例：商品の在庫予測

課題：店舗にて商品の在庫が過剰に出してしまうことがある。

データ解析

	過去の売上	商品の価格	立地	…	在庫数（目標値）
時系列	…				

結果：各店舗に適した在庫数を予測することで、物流を最適化することができた。余剰在庫を出すことなく売上が向上した。

※1　https://www.brains-tech.co.jp/case/case10-jfee/

※2　https://www.brains-tech.co.jp/case/case05-osakagas/

画像処理

A book to explain with figure

●画像処理とは

ディープラーニングを用いた**画像処理は、AI ブームの火付け役**です。2012年に世界規模の画像処理のコンペティションで従来の手法の精度を大きく上回り、注目を浴びました。

今では、従来人間が目視で行っていた様々な作業を代替する用途で多く活用されています。

●画像データの扱い方

機械に学習させる際は、必ず数値データを与えます。画像には一見数値がないように思われるかもしれませんが、輝度という明るさを表す数値があり、この輝度によって色が調整されています。したがって**輝度の数値パターンを機械が学習**し、画像を処理することができます。画像から特徴量を抽出して処理する手法を、**CNN**（Convolutional Neural Network）といい、有名な手法なので頭の片隅に入れておきましょう。

また画像データは一つひとつの容量が大きいため、表データに比べて**計算資源を多く必要とする**ことも押さえておきましょう。

次節より①画像分類、②物体検出、③セグメンテーション、④画像生成の4パートに分けて画像処理を説明していきます。

⊙ **画像データは数値情報として輝度を用いる。**

⊙ **ディープラーニングの学習は多くの計算資源が必要。**

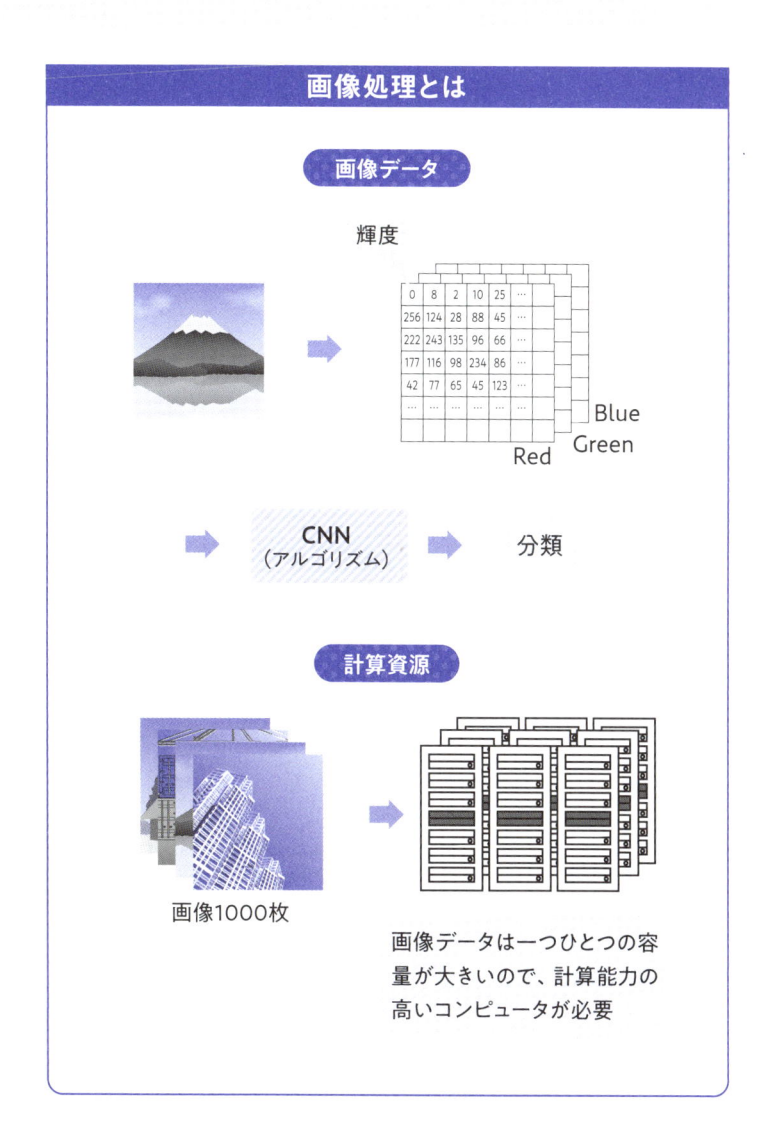

画像処理とは

画像データ

輝度

0	8	2	10	25	…
256	124	28	88	45	…
222	243	135	96	66	…
177	116	98	234	86	…
42	77	65	45	123	…
…	…	…	…	…	…

Blue
Green
Red

CNN
（アルゴリズム）　→　分類

計算資源

画像1000枚

画像データは一つひとつの容量が大きいので、計算能力の高いコンピュータが必要

画像処理　①画像分類

●画像分類とは

画像処理では、分類問題がほとんどを占めます。ただし、分類といっても単純なカテゴリの予測よりもさらに高度な予測となります。はじめに、最も簡単な画像分類から見ていきましょう。

まずは**分類したい複数の画像を用意し、カテゴリ分け**をしておきます。動物の画像を分類したければ、「犬の画像は0」、「猫の画像は1」というように目標値を与えます。その法則性を機械が学習することによって、分類が可能になります。

学習に必要な画像の枚数は、課題によりけりです。人と物など見分けのつきやすい分類や、二つのカテゴリなど少ないカテゴリの分類であれば200枚程度の画像だけで十分かもしれません。逆に小さい傷の有無など見分けのつきにくい分類、さらに100のカテゴリなど数の多い分類であれば、1000枚あっても足りないかもしれません。

これは実際にプログラムを組んで機械に学習させ、精度を確認することで評価することができます。**必要なデータ数は、学習後に判断できる**ことを押さえておきましょう。

○**画像分類は、画像のカテゴリ分けを指す。**

○**医療画像診断、異常品検知、文字認識などに使われる。**

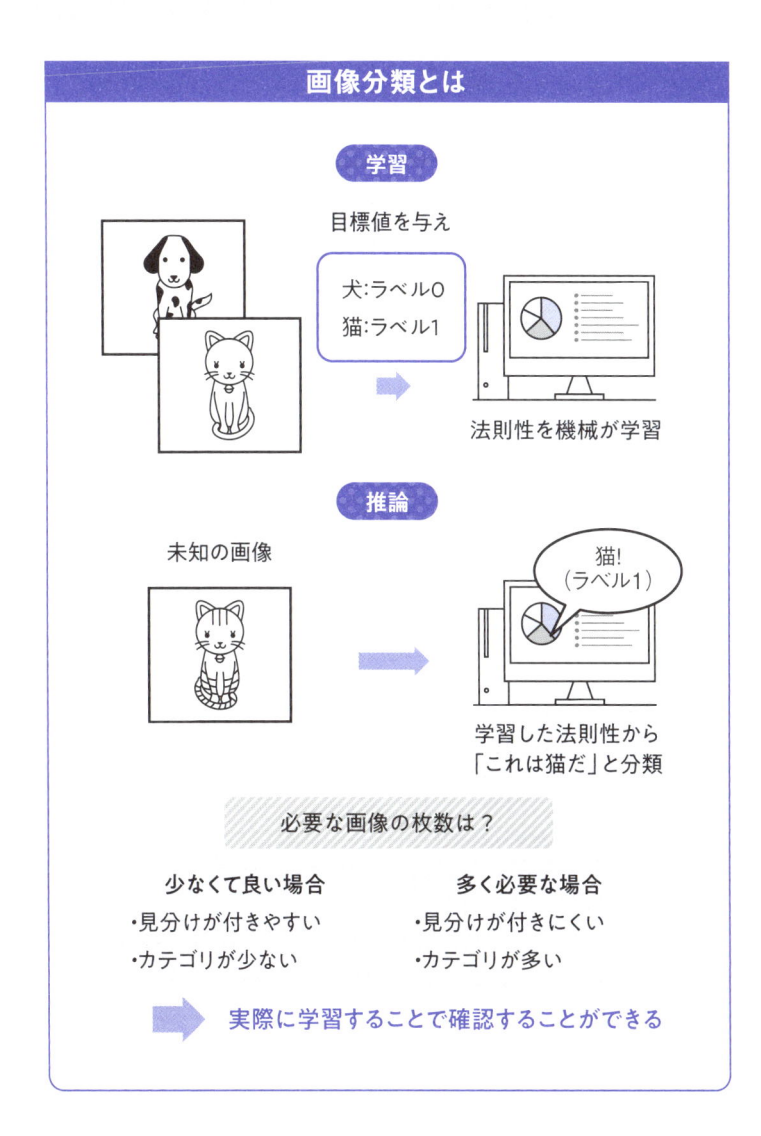

画像分類とは

学習

目標値を与え

犬:ラベル0
猫:ラベル1

法則性を機械が学習

推論

未知の画像

猫!
（ラベル1）

学習した法則性から
「これは猫だ」と分類

必要な画像の枚数は？

少なくて良い場合
・見分けが付きやすい
・カテゴリが少ない

多く必要な場合
・見分けが付きにくい
・カテゴリが多い

➡ 実際に学習することで確認することができる

●画像分類の活用例

それでは画像分類の活用例を見ていきましょう。

医療診断では、皮膚画像や内視鏡画像から、病気であるかそうでないかを分類します。医師の知見を機械に学習させることで、診断を効率化することができ、医師不足の解消に繋がります。

異常品検知では、工場で製造される製品に対して、傷があるか傷がないかを分類します。工場で大量の製品が流れてくる場合、長時間の作業で集中力が低下し、ミスが起こり得るため、人間よりも機械のほうが適しているといえます。

文字認識では、手書きで書かれた文字や数字を一文字ずつ分類します。手書きの書類をデータ化する際に有効です。

実際の企業の活用例を見ていきましょう。

佐川急便株式会社[※1]では、**配送伝票の入力業務を画像処理で代替する**ことに取り組んでいます。手書き数字の認識精度は99.8%以上に到達し、例外的な表記を除いては人と同じ水準で読み取れることが実証できました。

JFEエンジニアリング株式会社[※2]は、廃棄物処理施設において**画像処理を用いた燃焼状態の判定**に取り組んでいます。ベテラン職員に頼らず、施設のノウハウを統一化し、業務を効率化することで働き方改革を促進することを目指しています。

画像分類の活用例

医療診断

病気

健康

異常品検知

傷あり

傷なし

文字認識

文字の分類

※1　https://prtimes.jp/main/html/rd/p/000000312.000004374.html
※2　https://www.toshiba-sol.co.jp/case/case2018/jfe-eng.htm

画像処理　②物体検出

●物体検出とは

　画像処理の中でも有名な物体検出について説明していきます。これは前節の分類と似ているのですが、より高度な技術となります。前節では一枚の画像に対し、そのカテゴリを分けるという問題設定でしたが、今回は、一枚の画像のどこに何が写っているのかを判定します。つまり「どこに」という場所の要素が加わります。一枚の画像内の複数の対象に対して分類が適用できるようになるため、この位置に犬がいて、この位置に猫がいてというように、より細かな分類が可能になります。

　この「どこに」という情報は画像内の座標（数値）を回帰で求めています。つまり分類と回帰を同時に行っているのです。複雑になる分、データの準備に工数を割いたり、学習に時間がかかったりしますが、その分応用の幅も広がります。

　また、ここで重要なのが目標値の作成です。前節の分類ではカテゴリ分けのみ人間が行えばよかったところ、今回は「どこに」という場所の情報も人間が一つひとつ用意する必要があるため、目標値作成に非常に時間がかかるという課題も押さえておきましょう。

　物体検出はカメラを用いてリアルタイムで検出することも多いですが、これは動画を画像に切り取って判別しています。

◦ **物体検出は、物体の位置とカテゴリを予測する技術。**

◦ **顔認証やひび割れ検出、骨格検知などに使用される。**

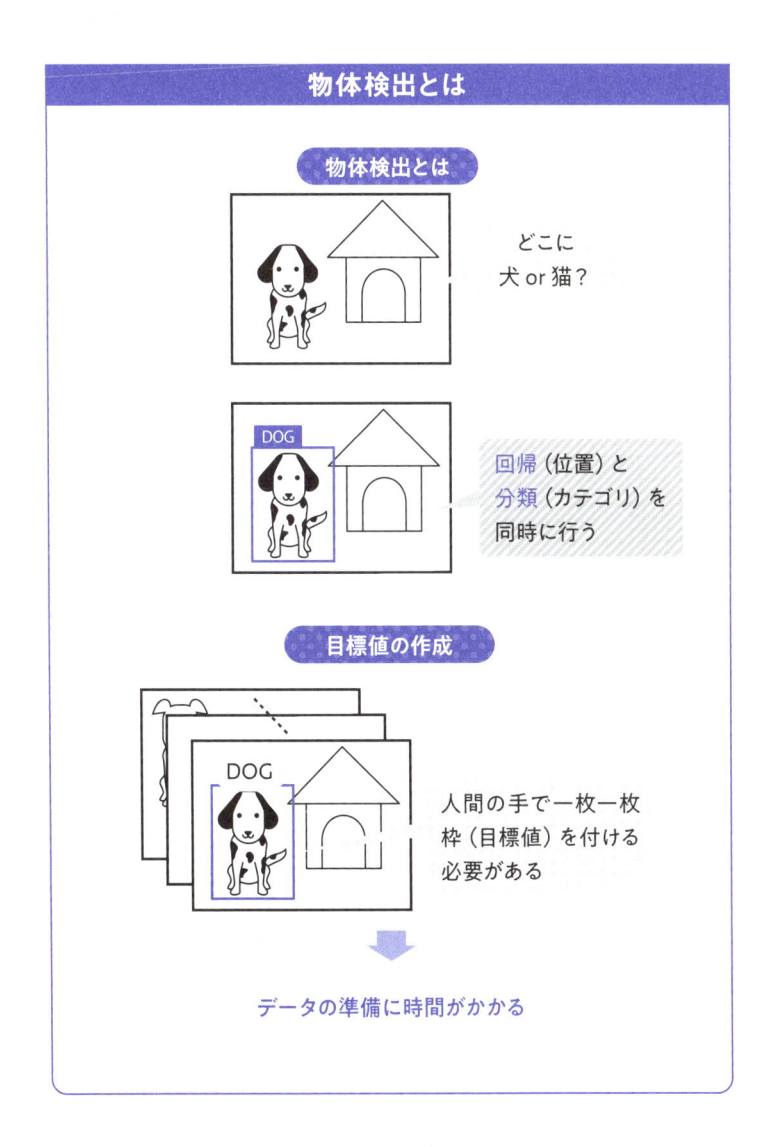

物体検出とは

物体検出とは

どこに
犬 or 猫？

回帰（位置）と
分類（カテゴリ）を
同時に行う

目標値の作成

DOG

人間の手で一枚一枚
枠（目標値）を付ける
必要がある

データの準備に時間がかかる

●物体検出の活用例

　顔認証は、カメラでリアルタイムに顔を検出し、人物の特定や、年齢の予測、感情の分析を行うことができます。顔認証は応用の幅が広く、例えば入店・入場者数の自動カウントや、年齢の特定による顧客属性の分析、犯罪者の特定、運転者の表情分析による眠気アラートなどに活用されます。

　ひび割れ検出は異常検知の一種で、橋やトンネルなどの老朽化したコンクリートのひび割れを検出します。単純なカテゴリ分類でなく、どの部分にひび割れがあるのかを検出することで、人間の確認作業を効率化できます。ドローンと組み合わることで、人間の目が届かない領域の検出も可能となります。

　骨格検知は、骨格の関節を検出することで、スポーツや作業者の動作を解析することができます。スポーツであれば、走動作の関節の軌道に非効率な動きがないかを分析したり、工場内の作業であれば、作業員の動きが標準的な動きと逸脱していないかを検出することができます。

　実際の企業の活用例でいえば、東京電力パワーグリッド株式会社※が、**送電線の点検作業に画像処理**を使用する取り組みを行っています。点検作業時間を50 ～ 80%、段階的に削減することを目指しています。送電線以外の点検作業の効率化にも応用を検討しているとのことです。

物体検出の活用例

感情検知

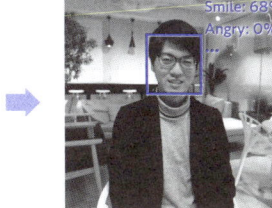

ひび割れ検出

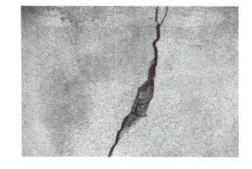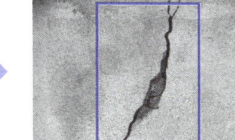

ひび割れ

骨格検知

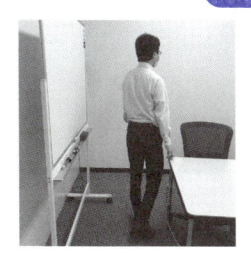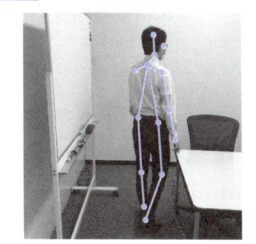

※ https://www.tdse.jp/case/1163/

画像処理
③セグメンテーション

A book to explain with figure

● セマンティックセグメンテーションとは

セマンティックセグメンテーションは、画像を領域分け（セグメント分け）する技術です。画像のどこに何が写っているのかを検出するという面では、前節の物体検出と似ていますが、検出の細かさに違いがあります。物体検出では物体の位置を四角の枠で捉えましたが、セマンティックセグメンテーションは**物体をピクセル（画素）単位で捉え、物体の縁を形どります**。これにより、物体の領域をより詳細に知ることができます。

ただし、詳細に形どるがゆえに目標値も詳細につけなければならず、**データ準備に工数が多く取られてしまう**ことも覚えておきましょう。

● セマンティックセグメンテーションの活用例

自動運転では、道路の領域や人の姿を領域分けする際に活用します。自動運転は安全面が第一であるため、物体検出よりも詳細な情報を把握できるセグメンテーションが活用されます（物体検出も活用されます）。

医療診断では腫瘍がどの範囲にあるのかを領域分けします。医療分野ではミスのないよう、詳細な情報が必要であるため、どの範囲にあるかを正確に判定します。

○ **セグメンテーションとは、画像を領域分けする技術。**

○ **自動運転、衛星写真、医療診断などに使われる。**

セマンティックセグメンテーションとは

物体をピクセル（画素）単位で捉え、物体の縁を形どる

どこに
道路 or 車？

画像処理　④画像生成

A book to explain with figure

●画像生成とは

　画像生成は、前節までの三つの技術と比べると大きく性質が異なります。画像を分類したり、セグメント分けしたりするわけではなく、この世に存在しない新たな画像を生成するという技術です。これまでアウトプット（予測）は数値やカテゴリでしたが、今回はインプットが画像で、アウトプットも画像となります。入力と出力の画像を用意し、その間の変換を学習することで実現しています。画像生成では、GANという有名な手法が使われるため、押さえておきましょう。

●画像生成の活用例

　スタイル変換では、線画の画像から色付き画像を生成したり、画像の色合いを変化させたりすることができます。

　人物画生成では、実在しない人物の全身画像を生成し広告のモデルとして使用したり、著作権フリーの画像として活用したりできます。

　超解像では、解像度の低い画像を入力し、解像度の高い画像を生成します。

　異常検知では、異常画像の入力に対し、正常画像を生成し、差分を取ることで異常箇所を特定することができます。

○ **画像生成は、存在しない画像を生成する技術。**

○ **スタイル変換や、人物画生成、超解像などに使われる。**

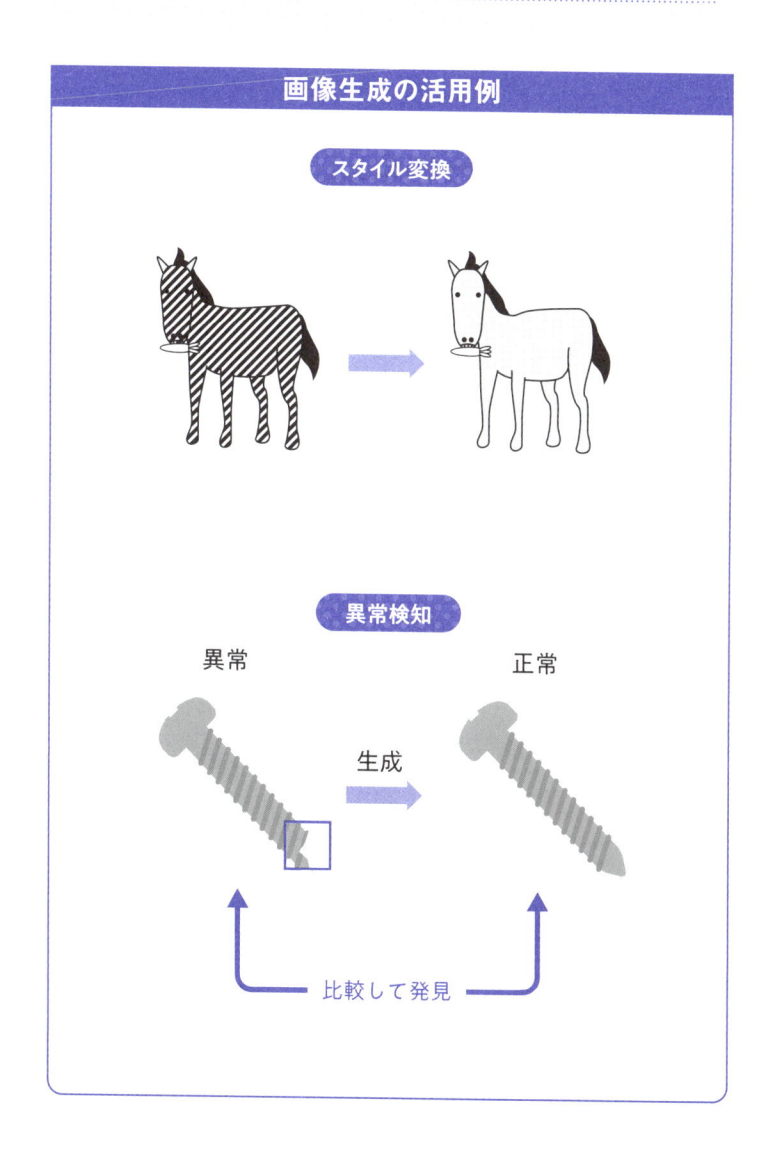

画像生成の活用例

スタイル変換

異常検知

異常　　　　　　　　　　正常

生成

比較して発見

自然言語処理

A book to explain with figure

●自然言語処理とは

　画像処理の次に AI 領域でブレイクスルーを起こしたのが、自然言語処理です。自然言語とは人間が扱う言語のことで、テキストを扱っていきます。ディープラーニングによって、文章の意味を汲み取りカテゴリ分けができたり、会話文を返したりすることができるようになり、今では**テキストが関わる作業の代替手段として幅広く活用**されています。

●テキストデータの扱い方

　機械学習では必ず数値データを用いますが、言語には数値情報がないので、数値化する必要があります。文章を単語区切りで品詞分解し（形態素解析）、それぞれに数値を割り振ります。「サッカーという単語は0」「野球という単語は1」といった単純な方法もあれば、**ディープラーニングによって文脈を読み取って単語を数値化する**方法もあります。例えばサッカーは（3.2 0.5 2.2）、野球は（3.1 0.6 3.0）といった形です。しかもこれらの単語はスポーツというカテゴリで近い言葉なので、数値も近くなる傾向にあるのです。**機械が文脈を学習することで意味を捉えている**ことがわかります。さらに右図のような数値の足し引きも可能です。

○ テキストデータは学習の際に数値化の処理を行う。

○ 機械が文脈を学習し言葉の意味を理解できる。

自然言語処理とは

テキストデータの扱い

形態素解析：単語区切りで品詞に分解する

私　は　消防士　です　。
名詞　助詞　名詞　助動詞　句点

単語の数値化

サッカー　　野球　　ラグビー

数値化
（機械学習）

[3.2 0.5 2.2]　　[3.1 0.6 3.0]　　[3.0 0.2 2.7]

意味が近い単語は近い数値となる

数値の演算

「王様」-「男性」+「女性」=「女王」

[1.2 0.8 3.2] - [2.1 4.5 1.2] + [2.3 4.8 1.0] = [1.4 1.1 3.0]

自然言語処理
①テキスト分類

A book to explain with figure

●テキスト分類とは

テキスト分類は、テキストをカテゴリ分けする単純な分類問題です。表データにおける分類や、画像の分類と考え方は同様です。例えばニュース記事があったとき、経済、スポーツ、IT、どのカテゴリに分類できるかといった問題を解くことができます。

応用の範囲は広く、感情分析にも用いられます。感情分析はテキストから人の感情を予測するもので、よくマーケティングで用いられます。ポジティブな感情かネガティブな感情かの分類であれば、単純に言葉のポジティブ度・ネガティブ度を定義した対応表を用いても判定可能ですが、怒り、喜び、悲しみなどの感情の分類は機械学習を用いることで実現可能です。

●テキスト分類の活用例

テキスト分類では、社内文書の仕分け、スパムメールの分類、不適切コメントの摘出、社員の離職予測・活躍予測、医療カルテのカテゴリ分けなどの活用例があります。

感情分析では、世論調査、口コミのネガティブ・ポジティブの分類、サービスに対するSNSの反応分析、社員のモチベーション調査などの活用例があります。

○ **テキスト分類は、文書をカテゴリ分けする技術。**

○ **社内文書の仕分け、メール分類、感情分析などに使用。**

テキスト分類とは

テキスト分類

どのカテゴリに分類できるか？　という問題を解く

> □□社は、第5世代移動通信方式「5G」を用いた通信サービスを2020年○月○日から提供開始することを発表した。5Gの大きな特徴は、「高速・大容量」「低遅延」「多数接続」。より速く、より多くデータ通信を可能にする。サービス開始時の5G対応エリアは、東京・大阪・愛知など大都市の一部地域のみと限定されているが、2021年△月には人口カバー率90％の達成を目標としている。

 経済 or スポーツ or IT

活用例
・社内文書の仕分け
・スパムメール分類
・不適切コメントの摘出

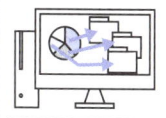

感情分析

テキストから人の感情を予測する

> 「長きに渡るプロジェクトが成功して嬉しい」

 ポジティブ or ネガティブ or ニュートラル

活用例
・世論調査
・商品に対するSNSの反応
・社員のモチベーション調査

自然言語処理
②類似度判定

A book to explain with figure

●類似度判定とは

これまで扱った手法は、回帰と分類、画像でいえば生成もあります。自然言語処理でも大枠は変わらず、分類と生成がよく用いられます。

ただ、自然言語処理では他にも**類似度判定**という技術が用いられます。類似度判定は簡単にいえば、二つの文章があったとき、その文章が**どれほど似ているのか、0 ～ 100% の指標で判定する**といったものです。文章を数値化した後、その数値がどれほど近い値であるかを計算しています。

●類似度判定の活用例

レビューによるレコメンドでは、EC サイトや旅行サイトなどのコメントの類似度を判定し、嗜好が似ているユーザーをカテゴリ分けします。同じ区分の他のユーザーに対し、商品や旅行先を提案することで売上や満足度を向上させることができます。

類似文書検索では、社内資料をカテゴリ分けして整理したいときや、逆にカテゴリ分けされているデータベースから類似する文章を検索したい場合に使われます。従来人間がテキストを読んで判断しなければならない部分を代替することができます。

o **類似度判定では、文章の類似度を0~100%で判定できる。**

o **レコメンドや文書検索などに使用される。**

類似度判定とは

テキスト分類

二つの文章がどれほど似ているのか、0~100%の指標で判定する

① 「私は機械学習のエンジニアです。」

② 「僕はディープラーニングの技術者を
　　やっています。」

➡ 類似度 95%

➡ 類似度 75%

活用例

・ECサイトのコメントの類似度判定
　→ レコメンド

・社内文書の類似度判定
　→ 検索

自然言語処理
③文章生成

A book to explain with figure

●文章生成とは

　前節の画像生成と同様、自然言語処理でも生成という領域があります。そして自然言語の生成は、画像の生成よりも多く活用されています。一番イメージしやすいのは翻訳です。英語から日本語に翻訳する際、英語の文章は元からありますが、日本語の文章は新しく生成されています。これまでの予測では、アウトプットは数値やカテゴリでしたが、今回はインプットが文章で、アウトプットも文章となります。生成ではアウトプットが大きく異なるので押さえておきましょう。

●文章生成の領域

　文章の生成は大きく三つの領域、「質疑応答」「機械翻訳」「要約」に分けることができます。質疑応答は、チャットで問合せをしたときに自動で返信するサービスがイメージしやすいです。こちらも質問に対して、回答を生成してします。要約というは、文章を入力すると、その要約文が生成されるといったものです。こちらは非常に難易度の高い技術となります。

○文章生成は、文章の入力に対し文章が出力される技術。

○質疑応答・機械翻訳・文章要約などに使用。

文章生成とは

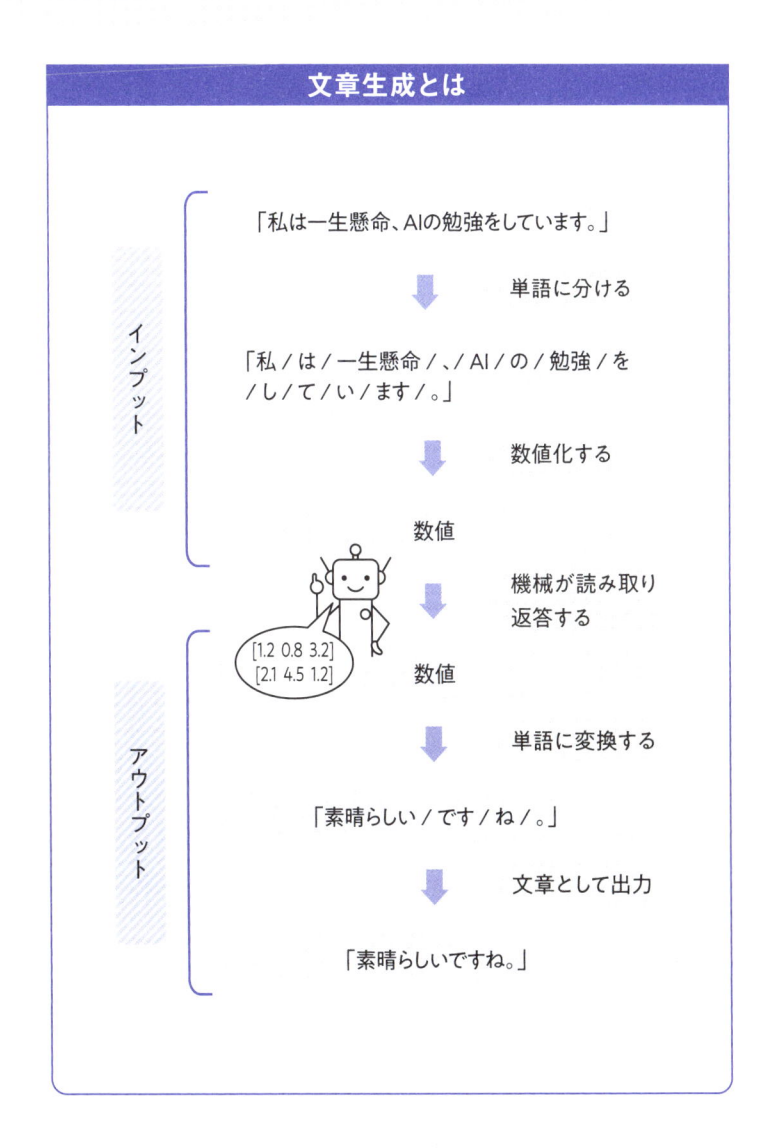

インプット

「私は一生懸命、AIの勉強をしています。」

単語に分ける

「私 / は / 一生懸命 / 、AI / の / 勉強 / を / し / て / い / ます / 。」

数値化する

数値

機械が読み取り返答する

[1.2 0.8 3.2]
[2.1 4.5 1.2]

数値

アウトプット

単語に変換する

「素晴らしい / です / ね / 。」

文章として出力

「素晴らしいですね。」

●文章生成の活用例

それでは文章生成の活用例を見てきましょう。

質疑応答は、企業の問合せ対応で使われ、多くの企業で適用可能であるため、自然言語の領域で最も多く活用事例があります。**機械翻訳**は日本でいえば、英語から日本語の翻訳に多く使われています。Webサイトの翻訳機能は非常に精度が高く、今では英語の文献を違和感なく読むことができるレベルです。**文章要約**は、例えばニュース記事要約です。ニュース概要として要約文を用意したいときに有効です。

実際の企業の活用例を見ていきましょう。

株式会社セブン銀行[1]は、急増する問い合わせに対し**チャットボット**を活用しました。チャットボットとは質問に回答するプログラムのことです。効果として、月間コール数は約4400件から約3800件へと14%減少、またチャットボットの回答率は91.2%、正答率は83.4%を達成することができています。

ソフトバンクとアリババグループが合弁で展開するSBクラウド株式会社[2]はECサイトやドキュメント等に翻訳ツールを用いて、**翻訳業務**の約1/3を軽減しました。

凸版印刷株式会社[3]は、製薬業界向け翻訳サービスを開発しました。これにより新薬開発に関する翻訳業務の時間短縮が可能になります。業界によって専門用語が使われる場面があるため、このように**特化させた機械翻訳**も活用されています。

文章生成の活用例

質疑応答（チャットボット）

「請求書の発行は可能ですか。」

「可能です。こちらのページをご覧ください。」

機械翻訳

「This is a pen.」

「これはペンです。」

文章要約

アップルは、20××年○月○日、×番目のメジャーリリースとなる「OS X ●●●」のデベロッパプレビューをリリースした。「iPadの人気アプリケーションや機能をMacにもたらし、OS Xのイノベーションを加速させる」としており、メッセージ、メモ、リマインダ、通知センター、Twitterとの統合などを行い、簡単なセットアップやアプリケーションとの統合もできるようになる。・・・・・・

「Macの新しいOSが公開され、様々な機能が追加される。」

※1　https://www.qaengine.ai/articles/7bank-qa-engine/
※2　https://www.yarakuzen.com/case-study/sb-cloud
※3　https://prtimes.jp/main/html/rd/p/000000384.000033034.html

音声処理

A book to explain with figure

●音声処理とは

　ディープラーニングの最後に音声処理を紹介します。音声処理は、**音声認識と音響解析**に分かれます。音声認識はいわゆる文字起こしのことで、自然言語処理と密接に関わりがあります。音響分析は言葉というよりも、音の高低やイントネーションなどを分析するものです。

　音声処理では少し難しい技術を用いるため、ここでは詳細な説明を省きますが、画像や自然言語と同様、**音声を数値データに落とし込む原則は一緒**です。

●音声処理の活用例

　議事録作成（音声認識）では、会議の対話を文字に起こし、記録に残します。音響解析と合わせ、誰が発しているかも判定すれば、議事録を作成することができます。音声認識は他にも自然言語と組み合わせた**チャットボット**の活用が盛んです。

　声紋認証（音響解析）では、声のトーンやイントネーションによって人物を特定します。セキュリティ面での声の認証にも使えますし、上記に示した議事録作成にも役立ちます。音響解析は他にも、コールセンターで用いられる**感情分析**や、工場で用いられる**異常音検知**などに活用されます。

○ 音声処理は音声認識と音響解析に分かれる。

○ 議事録作成やチャットボット、感情分析などに使用。

音声処理とは

音声認識

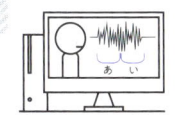

文字起こし

自然言語

活用例
・チャットボット（コールセンター）
・議事録作成（会議）

音響解析

音の高低

イントネーション

活用例
・声紋認証（入場ゲート）
・感情分析（コールセンター）
・異常音検知（工場）

クラスタリング

A book to explain with figure

● クラスタリングとは

　教師なし学習は、主にクラスタリングと次元削減の二つに分かれます。

　まずはクラスタリングですが、こちらはマーケティングでよく扱われます。簡単にいえば、データをグループ分けする技術です。近い数値を示すデータ同士を一つの括りとして扱い、カテゴリ分けしていきます。注意すべき点は、教師なし学習であるため、機械が正解を元に分けているわけではないことです。あくまで、データの数値を元に、類似度を判定しているイメージです。そのため、カテゴリ分けされた後のデータに関しては、その分け方の理由を人間側で考察しなければなりません。逆にいえば、データ分析の際、カテゴリ分けを行いたいときに補助ツールとしてクラスタリングを使用するイメージです。

● クラスタリングの活用例

　ユーザーの属性分けでよく使用されます。顧客情報からいくつかのグループに分け、それぞれがどのような性質を持っているかを考察します。その後、それぞれの属性に合ったメールを送信したり、商品のレコメンドをしたり、アクションを起こします。

○**クラスタリングとはデータをグループ分けする技術。**

○**ユーザの属性分けによく使用される。**

クラスタリングとは

クラスタリングは、
データをグループ分けすること

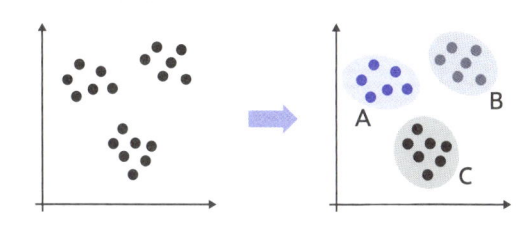

	年齢	利用頻度	購入品目	…
顧客1	…	…	…		➡ グループA
顧客2					➡ グループC
顧客3					➡ グループA
顧客4					➡ グループB
…					…

グループ分け後のアクション

グループA：家電を買う層　→　家電紹介のメール

グループB：化粧品を買う層　→　化粧品紹介のメール

グループC：書籍を買う層　→　書籍紹介のメール

次元削減

A book to explain with figure

● 次元削減とは

　次元削減の「次元」という言葉は、表データでいう列、特徴量を指します。つまり**特徴量を削減する**という技術ですが、その目的は**データの特性をわかりやすく表現すること**です。例えば特徴量に「数学の成績」「理科の成績」「国語の成績」「社会の成績」があるとします。この次元を削減し「理系科目の成績」「文系科目の成績」にまとめ上げると、それぞれ生徒の傾向をよりわかりやすく捉えることができます。さらにデータをグラフにプロットすることで、学力の位置づけを可視化することもできます。このように、削減といっても、特徴量を合算して新しい特徴量を作り出すものを次元削減といいます。

　ただし、教師なし学習であり、何か正解を元に次元を削減するわけではないため、**人間が後から解釈を入れる必要がある**ことは覚えておきましょう。

● 次元削減の活用例

　アンケートデータの分析では、次元削減で項目を合算することで、全体感をわかりやすくすることができます。店舗評価であれば、お店の総合力やプラス α の付加価値など、評価をまとめあげて分析することができます。

○ **次元削減とは、特徴量をまとめ上げる技術。**

○ **アンケートデータの分析でよく使用される。**

3

データサイエンスの活用事例と手法

次元削減とは

次元削減は、特徴量を合算して
新しい特徴量を作り出す

国語	社会	数学	理科
86	72	63	66
58	62	88	78
…	…	…	…

➡ 次元削減

文系科目	理系科目
1.58	1.24
1.18	1.60
…	…

➡ 可視化

理系科目
の評価

・傾向を読み取る
・立ち位置を確認する

→ 文系科目の評価

活用例

・店舗アンケート

接客	品揃え	待ち時間
…	…	…

➡ 次元削減

総合力
…

レコメンド

A book to explain with figure

● レコメンドとは

レコメンドは教師なし学習の領域で、さらにいえばクラスタリングの一種ともいえます。

レコメンドで一番イメージがしやすいのは、ECサイトにおける「あなたへのオススメ」ではないでしょうか。どのように**商品の推薦**をしているかというと、似たような購買傾向を持つ人が購入している他の商品を提案するといった手法です。あるいは、購入した商品と一緒に買われることの多い商品の提案や、属性が似た商品の提案をしています。

ユーザー情報を用いる場合は、ユーザーがいないサービスの初期段階において機能しない問題があります。これを**コールドスタート問題**というので覚えておきましょう。

● レコメンドの活用例

活用例は、基本的に上記に示した商品やサービスの推薦になります。人材業界であれば、求人サイトにおける**求人情報のレコメンド**や、旅行業界であれば、トラベルサイトにおける**旅行先のレコメンド**などに活用されます。

⊙レコメンドは商品やサービスの推薦に使用される。

⊙ユーザの類似度と商品の類似度を用いる2種類がある。

レコメンドとは

ユーザーの類似性

商品の購入回数

	🍩	🍡	🥤	🍭
😀	5	4	3	2
😊	1	2	4	5
😐	2	4	3	1
😑	4	2	3	4
😮	1	2	3	⬤

類似 レコメンド

コンテンツの類似性

購入　　　　　　　　　レコメンド

強化学習

A book to explain with figure

● 強化学習とは

　機械学習の3大トピックの一つである強化学習を紹介します。教師あり学習は人間が特徴量と目標値を機械に与えて学習させ、教師なし学習は特徴量のみを与えて学習させます。では強化学習はどうかというと、何のデータも与えません。**人間がデータ収集のルールやゴールを定め**、それを元に**機械が自らデータを収集し、学習していく**のです。

　強化学習を一躍有名にさせたのは、2015年に開発されたAlphaGoです。囲碁プログラムがプロの棋士を打ち負かしたことは世間に衝撃を与えました。AlphaGoには、技術的に様々な工夫がなされています。簡単に説明すると、勝利というゴールを設定した囲碁プログラム同士をたくさん対戦させます。囲碁プログラムは対戦の中でデータを集め、勝利するための手を学習していきます。最終的に学習が完了し、その囲碁プログラムは、勝利するのに確率が高い一手を毎回選択するようになります。

　強化学習は多くのデータを集め、失敗を繰り返しながら学習を進めていくため、**シミュレーションができる環境がなければ成立しない**ことも押さえておきましょう。現在はゲームやロボット、自動運転などに主に活用されています。

○ 強化学習は機械がデータを収集し学習していく。

○ 主にゲームや、ロボットに使用される。

強化学習とは

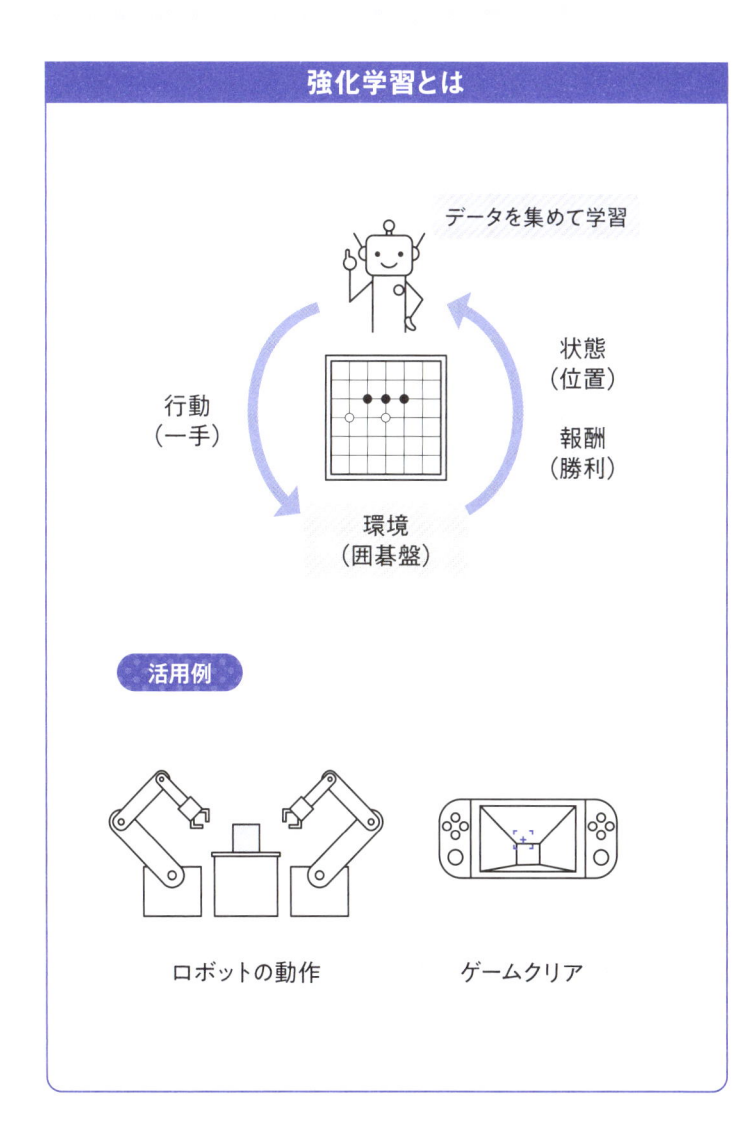

データを集めて学習

状態
（位置）

報酬
（勝利）

行動
（一手）

環境
（囲碁盤）

活用例

ロボットの動作　　　ゲームクリア

統計分析と機械学習の違い

●統計分析とは

　前節までは機械学習について説明してきましたが、本説では統計分析について説明します。データサイエンスという言葉に正確な定義はありませんが、ここでは「データから何らかの価値を生み出す」と考えます。価値の生み出し方は主に、人間の作業の「**自動化・効率化**」と、人間の「**意思決定支援**」の2種類に分かれ、前者が機械学習にあたり、**後者が統計分析にあたります**。本書は、昨今注目されている機械学習に焦点を当てて説明していますが、ここで後者の統計分析についても触れておきます。

　統計分析の目的である意思決定支援は、何らかのアクションを起こす際、**データを根拠に使用する**という意味合いです。

　例えば、新店舗をどの立地にどの規模で立てるかを、他の店舗の売上データを元に決定する、新商品を売る対象を、過去の類似商品の購買データを元に決定する、などです。

　統計分析は主に、**予測、要因分析、関連分析、検定**に分かれます。統計分析は機械学習と同じ手法を使うことがあるため、機械学習と絡めて説明していきます。機械学習と統計分析は明確な区切りがないのでその前提も押さえておきましょう。

○ **統計分析は、人間の意思決定をデータで根拠付けする。**

○ **主に、予測、要因分析、関連分析、検定に分かれる。**

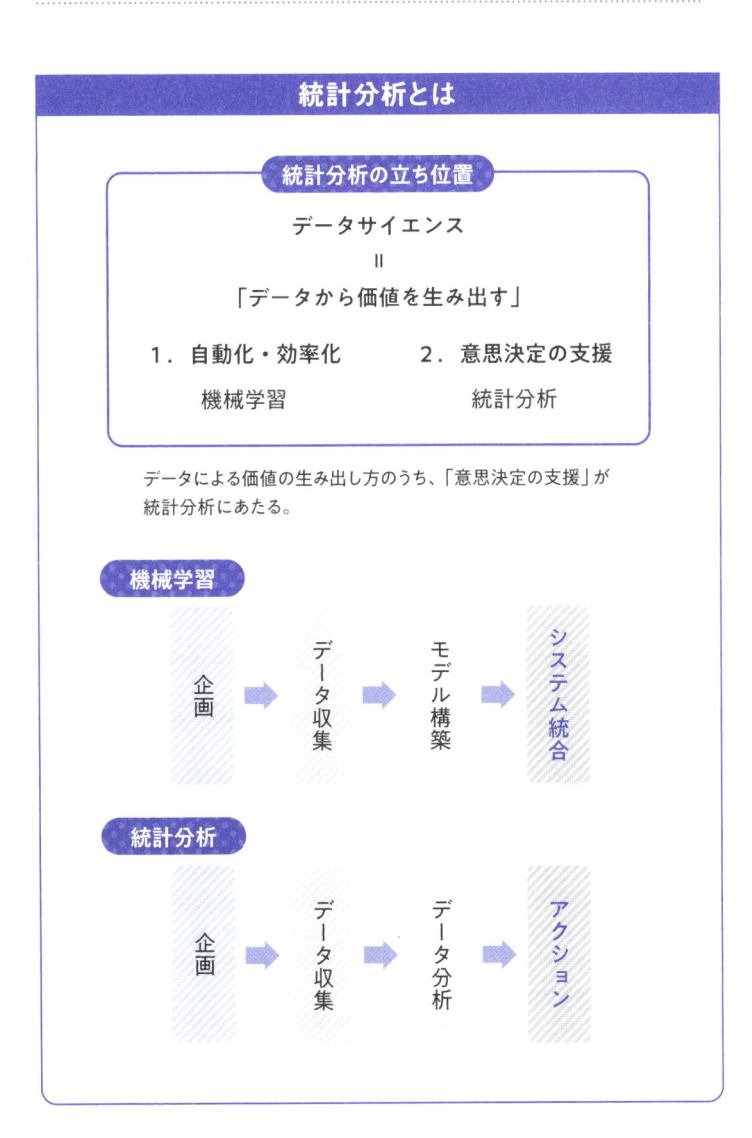

統計分析とは

統計分析の立ち位置

データサイエンス

＝

「データから価値を生み出す」

1．自動化・効率化　　　2．意思決定の支援

機械学習　　　　　　　統計分析

データによる価値の生み出し方のうち、「意思決定の支援」が統計分析にあたる。

機械学習

企画 ➡ データ収集 ➡ モデル構築 ➡ システム統合

統計分析

企画 ➡ データ収集 ➡ データ分析 ➡ アクション

●統計分析の種類

予測は機械学習で説明した回帰・分類と同じです。ただし、前に述べたように「自動化・効率化し、人間の負担を減らすための予測」というよりは、「次のアクションを決定するべくデータを根拠にするための予測」というニュアンスになります。

要因分析は回帰・分類に付随して扱うことができます。家賃予測ために学習する際、要因となる部屋の広さや、駅からの距離の重要度を計算することになります。この重要度を用いて、家賃に最も影響する要因は何か、影響しない要因は何かと判断することができます。

関連分析においても、機械学習と同じ手法、クラスタリングと次元削減が使われます（他にも様々な手法があります）。データの関連性を分析し、次のアクションに繋げます。

検定は機械学習にはなく、統計学の領域となります。よく活用されるのは、AとBのデータ群の統計的な差を判定する場面です。ある施策を行う前のデータと行った後のデータを比較し、統計的に誤差の範囲であれば、施策の意味があったかどうかはわからず、逆に統計的な誤差の範囲に収まらないのであれば、施策の意味があったといえます。マーケティングのA/Bテストでも使われます。

統計分析の種類

予測

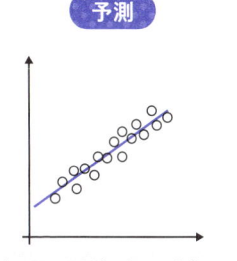

機械学習の予測（回帰と分類）と同じ。ただし、統計分析の予測は次のアクションを起こす際の根拠として使われる。

関連分析

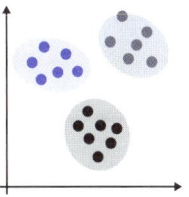

機械学習と同じ手法（クラスタリングと次元削減）が使われる。

要因分析

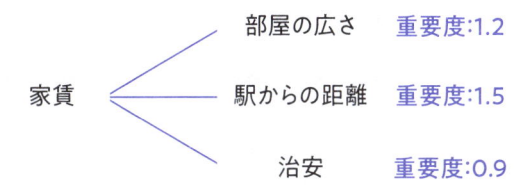

	部屋の広さ	重要度:1.2
家賃	駅からの距離	重要度:1.5
	治安	重要度:0.9

重要度を用いて、家賃に最も影響する要因、影響しない要因を判断

検定

施策前
各店舗の売上

2.3, 2.5, 3.1, 3.3

統計的に
差があるか?

施策後
各店舗の売上

2.4, 3.0, 3.2, 3.8

差があれば施策の効果あり

Chapter 4

データ分析・
活用プロセス

機械学習活用のためのエッセンスを
実務目線から解説します。

機械学習導入のために必要なステップとは？

A book to explain with figure

●機械学習導入に必要なステップの全体像を掴む

まずは機械学習の八つのステップについて、料理に例えながら、全体像を掴んでいきましょう（右図参照）。

①企画のステップでは、ビジネスの課題を明確にし、その解決策を考案します。このステップで全体の設計を行います。どのような顧客が、どのような料理を食べたがっているのかを満たすためのレシピを考案するステップになります。

②環境構築は、ビッグデータを取り扱うための環境を整えるステップです。料理に例えると、料理をする環境を整えるステップになります。

③データ収集と④目標値作成では、機械学習モデルの学習に必要なデータの収集、準備を行います。そして、収集したデータに対し⑤データの前処理を施し、機械学習モデルの学習に使用できる形にデータを整形します。③データ収集は料理のための食材集め、⑤データの前処理は料理の下準備と考えてみてください。どの料理も、食材が悪かったり、下準備がきちんとできていなかったりすると、出来栄えもあまり良くないものになってしまうでしょう。料理と同じく、③〜⑤のステップが最も時間を要し、重要なステップであるといえます。

○**機械学習導入の基本となる八つのステップを把握し、全体像を押さえる。**

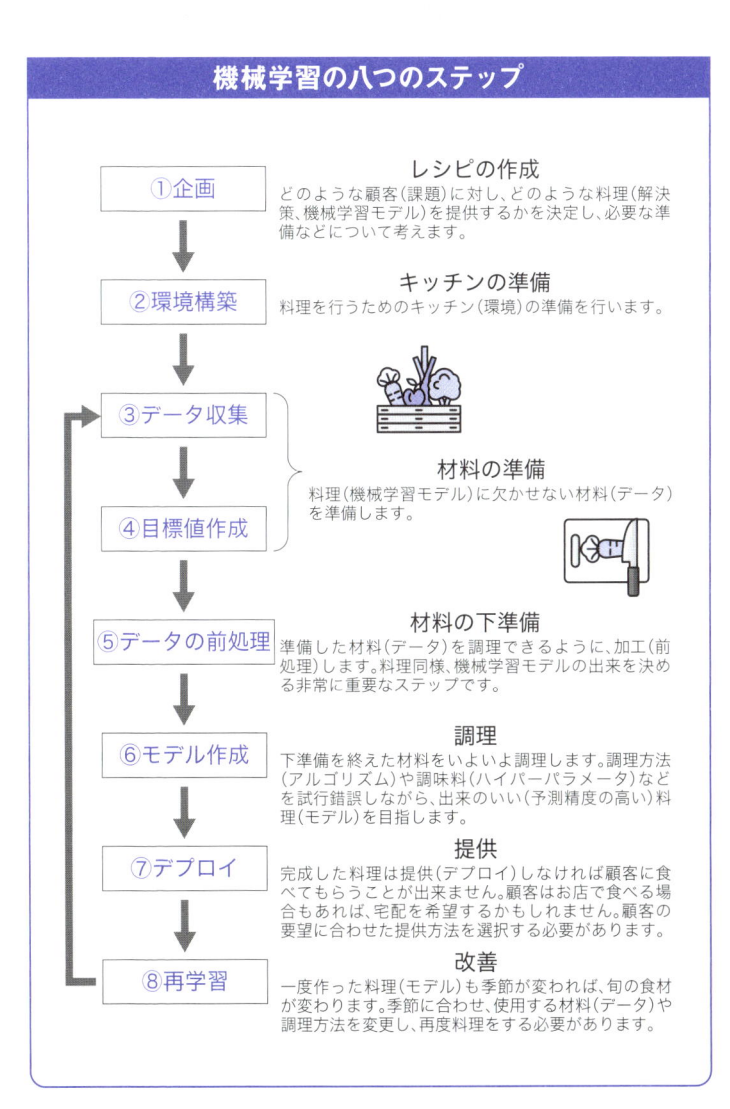

機械学習の八つのステップ

①企画

レシピの作成
どのような顧客（課題）に対し、どのような料理（解決策、機械学習モデル）を提供するかを決定し、必要な準備などについて考えます。

②環境構築

キッチンの準備
料理を行うためのキッチン（環境）の準備を行います。

③データ収集

④目標値作成

材料の準備
料理（機械学習モデル）に欠かせない材料（データ）を準備します。

⑤データの前処理

材料の下準備
準備した材料（データ）を調理できるように、加工（前処理）します。料理同様、機械学習モデルの出来を決める非常に重要なステップです。

⑥モデル作成

調理
下準備を終えた材料をいよいよ調理します。調理方法（アルゴリズム）や調味料（ハイパーパラメータ）などを試行錯誤しながら、出来のいい（予測精度の高い）料理（モデル）を目指します。

⑦デプロイ

提供
完成した料理は提供（デプロイ）しなければ顧客に食べてもらうことが出来ません。顧客はお店で食べる場合もあれば、宅配を希望するかもしれません。顧客の要望に合わせた提供方法を選択する必要があります。

⑧再学習

改善
一度作った料理（モデル）も季節が変われば、旬の食材が変わります。季節に合わせ、使用する材料（データ）や調理方法を変更し、再度料理をする必要があります。

⑥**モデル作成**では、前処理を終えたデータを用いて、機械学習モデルの作成を行います。アルゴリズムの選定、ハイパーパラメータの調整などを行い、予測精度向上を目指します。

⑥**モデル作成は、料理でいえば調理のステップ**です。食材をどう調理するかの方法が機械学習アルゴリズムであり、入力値と目標値の規則性・関係性を見つけ出す方法にあたります。そして、調味料で味の調整をしていくように、モデル作成ではハイパーパラメータと呼ばれるものを調整して予測精度の向上を目指します。**ハイパーパラメータは調味料のようなもの**、そして、調理方法によって調味料が異なるように、それぞれのアルゴリズムにより調整するハイパーパラメータが異なるとイメージするとよいでしょう。

⑦**デプロイ**は、学習済みモデルをプロダクト（IoT デバイスやアプリケーション）などに組み込む段階になります。デプロイ先にはオンプレミス、クラウド、エッジデバイスなど様々な場所が想定されます。

料理に例えると、**完成した料理を提供するステップ**といえます。料理を作ってもお客様に食べてもらえなければ意味がありません。また、お客様に合わせた提供方法を考慮する必要があります。

⑧**再学習**では、データの傾向の変化などに合わせ、再度モデルの学習を行います。

季節によって、旬の食材は変化します。その食材の変化に合わせ、下準備や調理方法を変更し、料理をアップデートしなければお客様の要望を満たすことができない場合があるように、データの傾向の変化などに合わせ、モデルを改善していく必要があります。

機械学習モデルの作成

調理方法の選択 → アルゴリズムの選択

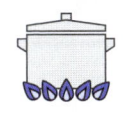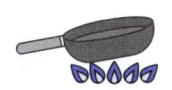

素材やお客様の要望に合わせた調理方法を選択

調味料の調整 → ハイパーパラメータの調整

調理方法に合わせた調味料を選択し、細かな味の調整を行う

提供方法の選択 → デプロイ先の決定

オンプレミス　　　　クラウド　　　　IoTデバイス

お客様の要望にあった、提供方法を選択する

ステップ1　企画

A book to explain with figure

●機械学習は課題解決の一つの手段

　企画段階ではビジネスの課題設定を明確にし、どのように課題解決を行うのかを決定します。この段階では機械学習のステップの全体像を意識し、**どのように機械学習モデルを作成し、作成したモデルを課題解決に活用できるかまで**を設計します。

　例として、工場のライン上の傷の入った部品を取り除きたいという課題を想定してみましょう。機械学習をこの問題に適用することを想定した場合、画像から物体検出を行い、傷があるかの判定を行うことが考えられます。

　しかし、ここで重要な点は、**欠陥品の検出が目的ではなく、その後の欠陥品の除去にあります。**

　基本的に**目的は売上向上や、業務改善、コスト低減などにあります。そのための手段の一つが機械学習**です。もし、機械学習を使用する必要がない場合はその他の選択肢を考慮することも重要です。機械学習モデルの多くは、その中身がブラックボックスであるため、使用しないことが望ましい場合も多々あります。機械学習の不透明性などの特性を理解し、**「使用しない」**という選択肢も忘れないようにしましょう。

○**機械学習は課題解決のための一つの手段。**

○**予測精度100%は「ありえない」前提を持つ。**

機械学習は手段の一つ

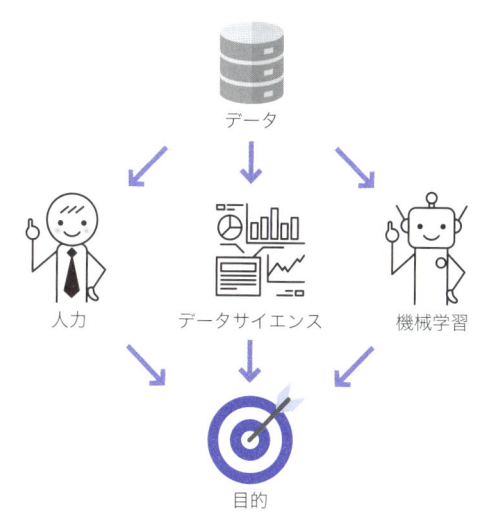

機械学習は目的を達成するための一つの手段である

目的と手段の違いを理解

機械学習を用いた欠陥品の検知 → 手段

欠陥品の除去 → 目的

企画段階で目的を達成するまでのプロセスを考案する必要がある

100%の予測精度は期待してはいけない

　機械学習モデルの**予測が100発100中である可能性はほとんどない**ということを理解しておきましょう。企画段階で予測に誤りがあることを想定しておく必要があります。

　右図のように、機械学習を活用したケースでも必ず何らかの形で人間を介在させる必要があります。このことを**ヒューマン・イン・ザ・ループ**と呼びます。

機械学習導入のための三つのフェーズを押さえる

　お客様からのお問い合わせを適切な部署に振り分ける業務の自動化を行うケースを想定してみましょう。まず、自動化を行う前には、どのお問い合わせをどの部署に振り分けるかなど**オペレーションを明確化し、人間が実際に行う**必要があります。

　そしてその次のフェーズとして、「故障」という文字が入っていればシステム部、「請求書」とあれば経理部などといった**ルールベースの自動化**が考えられます。

　ルールベースでの自動化でも対応しきれない、複雑な問題に対し、機械学習を活用します。いきなり「機械学習」ではなく、この三つのフェーズが前提としてあることを把握しておきましょう。

機械学習導入までの三つのフェーズ

①手動（人力）でのオペレーション

お客様からのお問い合わせをオペレーターが振り分ける

② ルールベースでの自動化

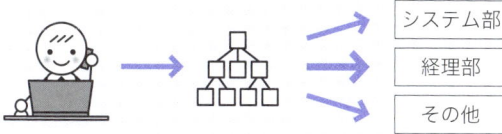

作成したルールに沿っての自動化
例：もしお問い合わせに、「請求書」と
いう言葉が含まれている場合 → 経理部

ルールに当てはまらない場合は、オペレーターが対応
≒ ヒューマン・イン・ザ・ループ

③機械学習を活用した自動化

過去のお問い合わせの規則性、
関係性を見つけ出し、振り分けを自動化

ステップ2　環境構築

A book to explain with figure

●環境構築とは？

　環境構築とは、料理でいうと、キッチンの整備を行うステップになります。機械学習モデル作成を行うためには、ビッグデータを取り扱うことができ、そのデータに対して高速な処理を行うことが可能な環境が必要になります。取り扱う食材（データ）の量が普通の料理（処理）よりはるかに多くなります。いつも使っているキッチン（PC）では、持っている食材を置くことさえできない場合があるかもしれません。そのためには料理に合わせたキッチンを準備することが重要です。

　このキッチンを整えるステップに該当する環境構築には、幅広い知識が求められ、初学者には少しハードルの高い一つのステップになります。主にインフラエンジニアが担当するステップになります。

●環境構築で考慮すべき三つのポイント

　環境構築で考えるべき三つのポイントを簡単に解説します。一つ目は「性能」です。データを展開することが可能なメモリ（作業用スペース）があるのか、機械学習モデルの学習の高速化に欠かせない Graphics Processing Unit (GPU) との接続ができるかなどがポイントとなります。

● **環境構築は料理でいうとキッチンの整備。**

● **クラウド環境の活用で環境構築を簡単に。**

環境構築

環境構築とは？

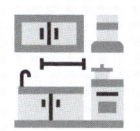

料理でいうと、
調理を行うための場所の準備

データの前処理やモデル作成のための場所の準備

求められる環境

大量の食材を調理するための処理能力
処理を行うために必要な機材
→ GPUやパッケージのなどの知識

構築した環境を自由に移植することの
できる能力
→ Dockerなどの知識

調理を効率よく行うための仕組み
→ 並列・分散処理などの知識

環境構築は、主にインフラエンジニアが担当

二つ目のポイントは「**移植性**」です。移植性とは、構築した環境と同様のものを他の人も構築できるかどうかを表します。せっかく構築した環境も、他の人と共有できなければ、非効率や開発に悪影響を与える可能性があります。Dockerという高い移植性を持つ環境を構築可能である技術の登場により、環境構築にはこのDockerを使用するケースが増えてきています。

　三つ目のポイントは「**分散処理**」です。どれだけ性能の高い計算機を準備したとしても、一つの計算機で処理できる量には限りがあります。そこで、複数の計算機を用いて処理を同時に行う方法が分散処理です。大規模な計算を行う際には、この分散処理が重要になります。しかし、この分散処理の環境を構築するのは困難であるため、Apache Sparkなどのオープンソース（公開されている技術）を活用し、構築するケースが多い印象があります。

● クラウドを活用した環境構築

　環境構築は初学者（エンジニア）にとっては困難なものであるといえるでしょう。そこで、最近ではクラウドで事前に用意されている環境を用いることが増えてきています。Googleが提供するGoogle Colaboratoryは、無料でGPUが使用可能な環境です。経験の浅いエンジニアの方は、まずここから始めることをオススメします。

　また、AzureのDatabricksでは、複数の計算機を用いた大規模なデータ処理に適した分散処理の環境をすぐに使い始めることが可能です。

環境構築で考慮すべき三つのポイント

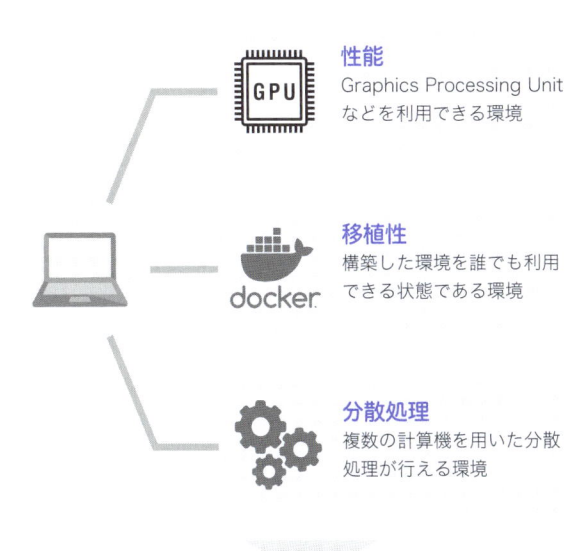

性能
Graphics Processing Unit
などを利用できる環境

移植性
構築した環境を誰でも利用
できる状態である環境

分散処理
複数の計算機を用いた分散
処理が行える環境

クラウドサービスの活用で簡単に構築可能

出典：Docker Inc.

ステップ3　データ収集

●データ収集の環境

　機械学習のためのデータ収集を行う際には、収集を行う環境にも注意が必要です。ただ闇雲にデータを集めればいいのではなく、実際に推論（学習したモデルを用いて予測を行うステップ）する場面をしっかり想定する必要があります。

　例として、工場のラインの外観検査で、物体検知から欠陥品を取り除く問題設定を考えてみましょう。外観検査を行う場所の日の当たりや反射などを考慮せずにデータを収集しモデルを作成しても、本番環境では思ったような精度がでない場合があります。**データ収集は推論環境を想定し、収集することが重要です。**

●ビッグデータを取り扱うための構造

　大量のデータ取り扱う際にはいくつかの点を考慮する必要があります。データが正確に保存されるのか、個人情報を含むデータが漏洩しない対策が取られているのか、リアルタイムに何らかの処理が必要な場合に、遅延なく正確に処理を施す仕組みになっているかなどです。

○推論環境と同様の環境で取得したデータが望ましい。

○ビッグデータを取り扱う際は構造を意識する。

データ収集のポイント

○ 望ましい例

| データ収集時 | 推論時 |

推論環境と同様の環境でのデータ収集を行う

× 望ましくない例

| データ収集時 | 推論時 |

データセット収集時の環境と推論環境が異なる

工場に設置された熱センサー（IoT デバイス）を想定してみましょう。この熱センサーの役割は異常を発見することにあります。

　この熱センサーは複数の工場に設置されており、1000 台あるとします。またこのセンサーは操作を行っている担当者の個人情報も同時に取得し、クラウドに送信します。このようなセンサーからのデータを保存するとき、どのようなことに注意しなければならないでしょうか？

　まず一つ目は、**リアルタイムにデータを処理**することです。1000 台ものセンサーから同時に送信されるデータを取り込み、異常かどうかの判定を行う必要があります。そのため、**データを非同期的（同時）に取り込み、リアルタイムに処理を施す仕組みが必要になります**。また、データを確実に保存するために、送信されるデータを直接データベースに保存する仕組みと、データ処理をした後に保存する仕組みの両方を持つ必要があるかもしれません。

　今回のケースでは、センサーから個人情報に関するデータも送信されます。個人情報の取り扱いには注意が必要です。**個人情報が含まれるデータは、インターネットを介する前にエンコーディング（匿名化）することが望ましい場合**もあります。

　ビッグデータを取り扱う際には、このようなことに注意を払う必要がある場合もあることを覚えておきましょう。

ビッグデータの取り扱い

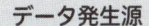

データ発生源

データが発生
する場所

例：IoTデバイス、アプリケーションなど

↓

データの取り込み

データ保存

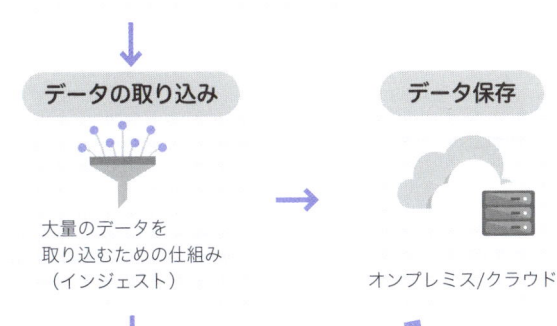

大量のデータを
取り込むための仕組み
（インジェスト）

→

オンプレミス/クラウド

↓

↗

リアルタイム処理

データを
リアルタイムに
処理を行う

例：異常検知、データの匿名化

**データの匿名性や、情報漏洩の危険性を低くし、
処理の速度、確実性を担保するための仕組みが必要**

ステップ4　目標値作成

●目標値作成とは？

目標値とは、機械学習のモデル（教師あり学習の場合）を学習するデータの1種を指します。**入力値は情報**であり、**目標値**はそれに対応する「**答え**」に該当します。

画像認識の例では、猫の画像が情報であり、その画像の中に「猫」がいるということが答えとなります。そして、この答えと情報の規則性、関係性を見つけ出すことによって、機械学習モデルは予測を行うことが可能になります。

今では、機械学習を活用した顔検出や翻訳などがごく一般的となってきました。しかし、その背景には何千、何万件にも及ぶ目標値作成が行われています。顔検出の例では、それぞれの写真のどこに顔があるのかの答えが用意されています。

日英翻訳の例では、日本語の文に対して、答えとなる英語の文が準備されて初めて機械学習のモデルの作成に取りかかることができます。

この重要かつ骨の折れる作業をやり遂げることができるか、という点も企画段階で考慮しておく重要なポイントです。

○ **目標値はモデルの予測精度に大きく影響を与える。**

○ **答えが間違っていれば、予測も間違う。**

目標値とは？

入力値   機械学習モデル   目標値

（猫の画像）

（「猫」という答え）

入力値（情報）と**目標値（答え）**を用いて、機械学習アルゴリズムは
その規則性、関係性を学習する。
目標値は学習のための**答え**という位置づけ

顔検出の例

画像内の顔がどこにあり、
その人の年齢や、性別などの
情報を正確に準備する

日英翻訳の例

私はキカガクです。機械学習を
学んでいます。

I am Kikagaku. I'm studying
machine learning.

翻訳する日本語の文章（入力値）と
それに対応する英語の文章（目標値）
の両方を準備する必要がある

● 目標値作成の注意点

目標値が機械学習の学習に使用する重要なデータであることがわかりました。目標値に該当するデータは、問題設定により様々です。ディープラーニングの発展により、取り扱うデータも画像や自然言語（テキスト）など、幅が広がってきたためです。

こういった目標値の作成には、注意が必要になります。物体検出の例で考えてみましょう。例えば画像の中に写る人間の顔を検出することを考えた場合、どこからどこまでが人間の顔なのでしょうか？　顎ギリギリまでを顔とするのか、それとも少し余裕を持たせるのか？　また髪の毛がはねているのは顔の一部として含めるか？　など様々な点が曖昧になる可能性があります。

目標値を作成する作業を複数名で取り組む場合、必ず作業が属人化する部分が発生し、作成される目標値にばらつきが出る可能性があります。

目標値作成を行う際にはこういった可能性について十分考慮する必要があります。目標値作成を行う際には、ガイドラインを作成する必要がある点を覚えておきましょう。

ただし、目標値作成のための厳密すぎるルールは、機械学習モデルの予測精度に悪影響を与える可能性があることも覚えておきましょう。学習にはある程度ガイドラインを違反するようなデータを準備することで、モデルの汎用性が上がる場合もあります。

目標値作成の注意点

属人化の問題

髪の毛のハネはどうするのか？

顎のすぐ下を顔の境界とするのか？
それとも余裕をもたせるのか？

目標値作成は属人化する可能性がある

・ガイドラインを作成し、属人化を避ける
・外注する際などは、ガイドラインが守られているか確認するフローを
作成する

⚠ 厳密すぎる目標値は
機械学習モデルの予測精度に
悪影響を与える可能性がある

ガイドラインに従いながらも、
完璧すぎない目標値作成が
重要な場合もある

ステップ5
データの前処理

A book to explain with figure

●データの前処理とは？

データの前処理とは、料理でいうと、調理しやすいように食材の**下準備**を行うステップです。

普段業務の中で収集している、業務を行うために必要なデータは、オペレーショナルデータと呼ばれます。このデータは、分析や機械学習モデルを作成するためのデータ（アナリティカルデータ）とは異なり、様々なノイズ、不要な情報が入ったデータです。例えばチャットを行うWebアプリケーションから送信されるデータには、ユーザーのIDや、ユーザーが送信したメッセージなど、様々なデータが存在します。メッセージなどのテキストデータは、そのまま解析を行うことは非常に困難です。

そのため、テキストデータを単語ごとに分割したり、数値に変換したりといった処理を施すことで、解析を可能にします。

機械学習が取り扱うことができるデータは、基本的に数値である必要があります。機械学習モデルの学習に使用できるように、数値に変換し、かつモデルがうまく学習できるように、データを加工する必要があります。

○ データの前処理は、料理でいえば**下準備のステップ**。

○ データの前処理がうまくいくための鍵は**試行錯誤の回数**。

データの前処理とは？

企画

レシピ作成

データ収集

食材集め

前処理

食材の下準備

モデル作成

調理

前処理は調理のできを決める
重要なステップ

前処理ですること

画像やテキストなど様々なデータが存在

前処理 ≒ 機械が理解しやすい形にデータを加工

●データの前処理では試行錯誤が重要

料理では、使用する食材、下準備が重要なのと同じく、機械学習モデルの作成でも、使用するデータ、データの加工方法はその予測精度に大きく影響を与えます。

データの前処理には様々な方法が存在します。そして、どのようなデータの前処理が適切なのかは、取り扱うデータや問題設定により異なります。様々あるデータの前処理方法にはそれぞれの特徴がありますが、実際に予測精度の向上のためにどういった前処理方法が効果があるのかは、モデルを作成し、その予測精度を確認しなければわからないケースが多くあります。そのため、データの前処理は何度も何度も試行錯誤を行い、最も予測精度が高くなるものを探索していくことが多いです。

●経験者の声と試行錯誤の回数

機械学習モデルは入力値と目標値の規則性、関係性を見つけ出し、予測を行います。この関係性、規則性は、熟練の担当者であれば、感覚としてどのデータに着目すればいいかという点を理解している可能性があります。データの前処理を行う際にはまず経験者の声を聞き、どのデータが重要であるのかをヒアリングすることも重要であることを覚えておきましょう。

また、昨今ではクラウドコンピューティング（クラウドサービスが提供する計算機）を用いて、手当たり次第に前処理を適用し、試行錯誤の回数を増やすといった方法を採用する場合も増えてきました。料理でいうと、どの下準備の方法が適切かわからなければ、様々な方法をリッチなキッチンで全て試し、良くできたものを採用しようとするようなものです。

データの前処理方法を選択する

データ前処理の方法は多種多様

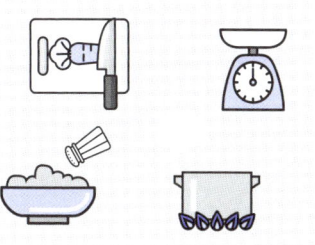

どの方法を選択すれば
いいのかわからない

試行錯誤を行い、最適なものを選択していく

試行錯誤を行う上でのアドバイス

熟練者、経験者の声を聞き、着目するデータ
のポイントなどをヒアリングする

クラウドコンピューティングを活用し、
試行錯誤の数で攻める

ステップ6　モデル作成

●モデル作成はどうできるのか？

　モデル作成は、準備したデータ（下準備した食材）を機械学習アルゴリズム（調理方法）に適用し、学習済みモデル（料理）を作成するステップになります。

　昨今では、オープンソース（公開されている技術）を活用してモデル作成を行うことが主流となっています。代表的なフレームワーク（モデル作成を援助するもの）には、scikit-learn、TensorFlowやPyTorchなどがあります。モデル開発を行う際にはこれらのフレームワークを活用することで、初学者の方でも取り組みやすくなるでしょう。

●モデル作成のサイクル

　モデル作成の段階に入ったら、これまでのデータ収集や、前処理のステップには戻らないというわけではありません。モデル作成を行い、その結果から、必要であればデータの前処理方法を再度試行錯誤する必要があることも覚えておきましょう。

　機械学習モデルの作成時には、**ハイパーパラメータ**と呼ばれるものを調整する必要があります。**アルゴリズムは調理方法、ハイパーパラメータは使用する調味料**のようなイメージを持つとわかりやすいです。このハイパーパラメータも、調整を行うことでモデルの予測精度を改善できる場合があります。

● **準備したデータを用いてモデルの作成を行う。**

● **問題設定に合わせたアルゴリズムの選定。**

モデル作成

豊富なオープンソースライブラリ

scikit-learn	様々な機械学習アルゴリズムの実装を少ないコード量で実装可能。
TensorFlow	ディープラーニングに焦点を当てたフレームワーク。PyTorchと比較し、手軽に実装する方法が提供されており初学者にオススメ。
PyTorch	TensorFlowと同様にディープラーニングに焦点を当てたフレームワーク。TensorFlowと比較し実装が少し複雑なフレームワーク。研究において最も利用されている。

※TensorFlow、PyTorch の違いはあくまで参考としてご確認ください。

オープンソースライブラリとは無料で公開され、
誰でも開発に利用可能なライブラリ
※scikit-learnなどでは様々な機械学習アルゴリズムの実装
を手軽に行うことを可能にします。

無料公開されている道具を用いて調理をスタートすることができる

モデル作成のポイント

A book to explain with figure

● アルゴリズム選定の方法

　機械学習モデル（料理）を作成する際に、まず使用する機械学習アルゴリズム（調理方法）を選定する必要があります。アルゴリズムには様々な種類があり、それぞれが特徴を持ちます。取り組む問題設定に合わせ、適切なアルゴリズムを選定する必要があります。ここでは簡単にアルゴリズムの選定の際に考慮したいポイントを解説します（一つの考え方のポイントとして捉えてください）。

　一つ目のポイントは、**「説明責任」の有無**です。問題設定によっては、なぜその予測になったのか、上司や関係者に納得してもらうために説明が必要になる場合があります。

　このように、説明する必要がある場合に使用が考えられる代表的なアルゴリズムには、重回帰分析や決定木系のアルゴリズムが挙げられます。

　二つ目のポイントは**「データの種類」**です。機械学習で取り扱うデータは、大きく、表、画像、自然言語、時系列の4種類のデータに分けることができます。表であればディープラーニング以外のアルゴリズムから選定するとよいでしょう。例としては決定木系やサポートベクトルマシン系のアルゴリズムが挙げられます。画像、自然言語、時系列のデータに対してはディープラーニングを用いることを考えるといいでしょう。

○ **アルゴリズムの選定は、料理でいう調理方法の選定。**

○ **ハイパーパラメータの調整は、料理でいう味付けの調整。**

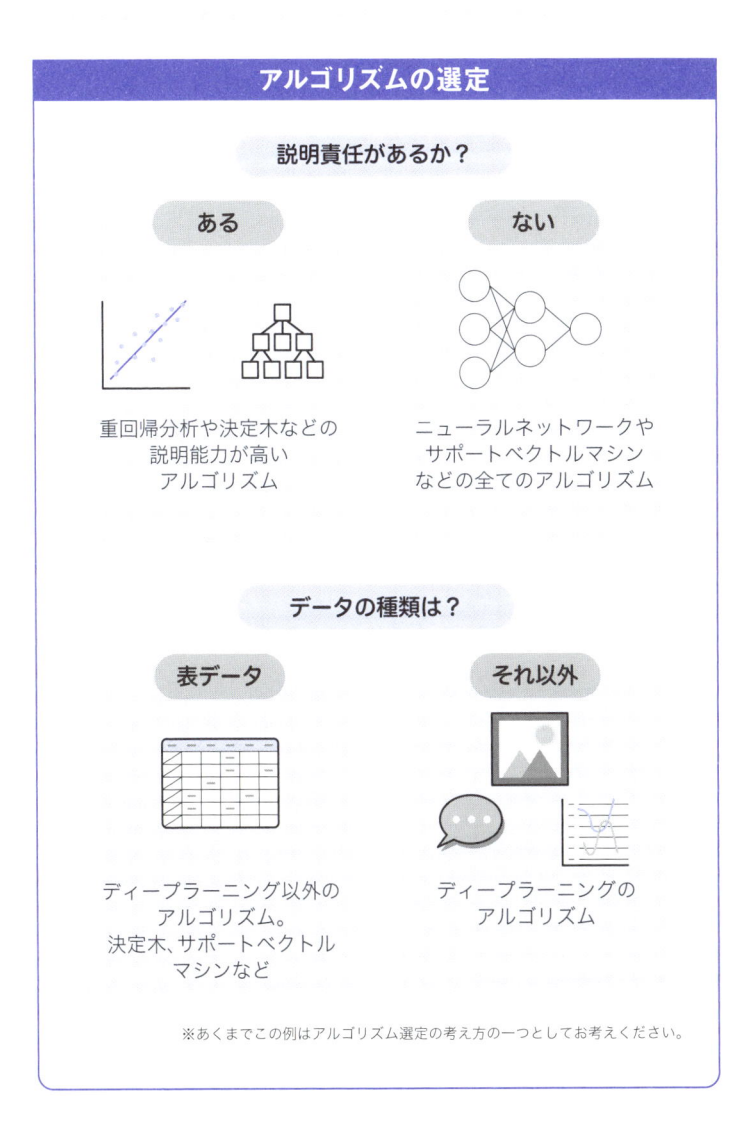

アルゴリズムの選定

説明責任があるか？

ある / ない

重回帰分析や決定木などの
説明能力が高い
アルゴリズム

ニューラルネットワークや
サポートベクトルマシン
などの全てのアルゴリズム

データの種類は？

表データ / それ以外

ディープラーニング以外の
アルゴリズム。
決定木、サポートベクトル
マシンなど

ディープラーニングの
アルゴリズム

※あくまでこの例はアルゴリズム選定の考え方の一つとしてお考えください。

4 データ分析・活用プロセス

⬤ハイパーパラメータの調整とは

　アルゴリズム（調理方法）の選定後は、ハイパーパラメータ（調味料）の調整や、データの前処理（食材の下準備）の試行錯誤を行います。調理方法によって、使用する調味料やその量が変化するように、ハイパーパラメータもアルゴリズムによって異なり、それぞれで適切に調整を行う必要があります。

　調理方法によっては、食材の味で料理の出来が決まるものあれば、調味料によって決まるものもあります。

　モデル作成においても、それぞれのアルゴリズム、ハイパーパラメータの特徴、データの前処理の特徴を理解し、調整を行うことが重要です。

　しかし、このハイパーパラメータの調整も、データの前処理と同じく、試してみなければどれが適切なのかはわかりません。また、**選択肢が多すぎるため、どれが適切なのかを見つけることが困難な場合が多いです。**

⬤ハイパーパラメータ調整の効率化

　データの前処理で紹介したようなクラウドコンピューティングを活用した試行錯誤を何度も行い、ハイパーパラメータの調整を行う方法も最近主流となりつつあります。また、アルゴリズムの選定も、同様に様々なアルゴリズムで試してみて、最も予測精度の高いモデルを採用するといった方法も増えてきています。選択肢としてこのような方法があることも覚えておきましょう。

ハイパーパラメータ調整

調理

モデル作成

調味料

ハイパーパラメータ調整

試さなければうまくいくかわからない

一番結果の良かったものを採用

事前学習済みモデルの活用

A book to explain with figure

●事前学習済みモデルとは？

事前学習済みモデルとは、既に何らかのデータを用い、学習されているモデルを指します。**モデルは0から自分で学習させなくとも、既に学習されているモデルを用いて学習を進めることが可能です。**

新卒採用を行い、自社の研修などで教育を行うのか、それとも、すでに他社で経験を積んだ人を採用し、足りない知識を研修で補うのか、といった違いとイメージしてもらえるとよいです。

基本的にこの事前学習済みモデルは、データサイエンスのコンペティションなどで優秀な成績を収めたモデルを使用することが多いため、**自分で1からモデルを作成するより、効率良く精度の高いモデルを作成することが可能となるケースが多いです。**

モデル作成を行う際は、使用できる事前学習済みモデルが無いかをまず検討することは、非常に重要なポイントです。

○ 0からモデルの作成を行うのは困難。

○ 事前に学習されたモデルを更に学習させる。

事前学習済みモデル

事前学習済みモデルを**使用しない場合**

一から学習を行うと、学習が進むまでに時間がかかってしまう場合が多い

事前学習済みモデルを**使用する場合**

学習済みモデルを使用し、既に経験があるところから学習をすすめることにより、効率よく高い予測精度を持ったモデルの構築を行うことが可能な場合が多い

モデルの評価方法

A book to explain with figure

● モデルの評価とは？

モデル作成時には、どの程度予測精度が出るのかの検証を行います。例えば画像から犬と猫を分類するモデルを作成したとします。その場合、テスト用に準備したデータを用いて、どの程度うまく分類できるかの正解率などで評価を行います。全て正解できれば予測精度100%、半分であれば50%というようにです。

しかし、このような評価の方法では、正しくモデルの予測精度を計測できない可能性があります。**もし、犬の画像が99枚あり、猫の画像が1枚だった場合、全て犬と予測すれば必然的に99%の予測精度となるような場合です。**このような例は、工場の異常検知の問題設定でしばしば見られます。異常のデータ数が少なく、正常のデータが多いような場合です。

モデルの評価を行う際に、上述の例のような場合を避けるためには、右図のような評価指標の中から適切なものを選定する必要があります。また、その評価の中で**どこまで予測精度が出れば合格なのかを、企画段階で決めておくことは非常に重要です。**このゴールラインが決まっていないとモデル作成のステップにいつまでも時間を費やしてしまう可能性があります。

○ **適切な評価指標を選択することは重要。**

○ **企画段階でゴールラインを設定しておく。**

モデルの評価方法

犬と猫の2値分類を行う場合

50枚　　50枚

全て間違うことなく分類できれば100%の正解率となる。

99枚　　1枚

全てを犬と分類したとしても、正解率は99%となる。

正しい評価指標を用いてモデルの予測精度を
決定する必要がある

分類の評価指標とその使用場面

正解率	最も一般的に用いられる評価指標
適合率	誤った予測は許容できるが、見逃さしは認められない場合
再現率	見逃しは許容されるが、誤った予測は認められない場合
F値	再現率と適合率のバランスを持ち評価したい場合

※上記の使用場面はあくまで一例であり、
　問題設定に合わせた適切な評価指標を選択する必要があります。

ステップ7　デプロイ

●デプロイ方法は？

　作成したモデルを、アプリケーションなどへ組み込むステップを
デプロイと呼びます。IoTの普及などの影響もあり、デプロイの方
法は多様化しています。

　主にデプロイには二つの方法があります。一つはアプリケーショ
ンやIoTデバイスに直接組み込む方法です。二つ目はクラウドな
どのサーバー（パソコンのようなもの）にデプロイ（展開）し、API
（Application Programming Interface）としてモデルを使用する
アプリケーションと連携させる方法があります。異常検知の例で
いうと、画像をAPIに送信すると、その画像から異常検知を実行
し、その結果を返信してくれるといったサービスをイメージすると
わかりやすいです。

●組み込みか？　API化か？

　先程紹介した方法には**それぞれ特徴があります**。状況に合わ
せ、適切なデプロイ先の選定ができるようにしておきましょう。

　組み込みではアプリケーション内で推論を行うため、モデルと
アプリケーション間をインターネット接続する必要性がなく、素早
く推論を行うことが可能です。しかし、モデルサイズが大きい場
合はアプリケーションの容量を大幅にとってしまい、アプリケー
ション自体の処理速度が低下してしまう可能性もあります。また、
推論を行うためにある程度のスペックが必要となります。

◉ **デプロイとはモデルの本番環境の組み込み。**

◉ **デプロイ前に必ず実データでの検証を！**

デプロイ先

モデルのデプロイ先

デバイスやアプリケーション への組み込み

API化

メリット	**メリット**
・インターネットへの接続 の必要がない ・素早く推論を行うことが 可能なケースが多い	・推論用のサーバーを個別 で持つため、アプリケー ションのメモリなどは考慮 する必要がない ・スケーラビリティが高い
デメリット	**デメリット**
・アプリケーション上で推論 を行うための性能を要する ・アプリケーション自体の処 理速度に悪影響を与える 可能性がある	・アプリケーションが随時イ ンターネットに接続されて いる必要がある ・別途 API を設置するため の環境を必要とする

API化では、そのような点は考慮する必要がありません。しか
し、インターネットへの常時接続可能である環境、インターネット
を介する少しの遅れなどを考慮する必要があります。また、別途
サーバーの準備などが必要となる点も一つのデメリットといえるで
しょう。
　それぞれのメリット、デメリットを考慮し、状況に合わせた適切
なデプロイ先を選定することが必要です。

●デプロイ前の本番データでの検証

　デプロイを行う前には、必ず学習に使用したデータではなく、
実際のアプリケーション等で発生する実データを用いてモデルの
予測精度の検証をもう一度行うようにします。実際のデータは少
なからず学習に使用したデータとはその性質が異なる場合が多い
です（画像では光や影の量などが挙げられます）。

　**モデルを実際に使い始める前に、実際のデータに対しても
一定の予測精度があるかどうかを、しっかり確認することを
忘れないようにしましょう。**

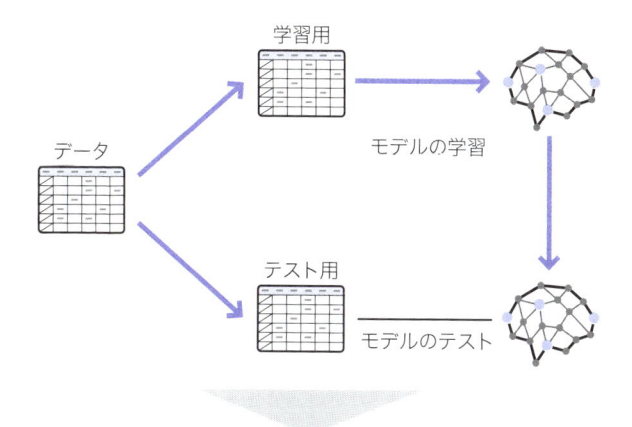

学習用

データ

モデルの学習

テスト用

モデルのテスト

モデル作成の完了

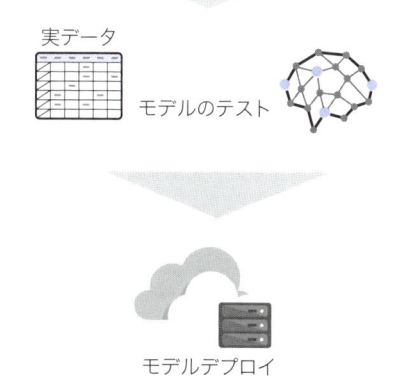

実データ

モデルのテスト

モデルデプロイ

推論環境の構築

A book to explain with figure

●バッチ処理 VS リアルタイム処理

蓄積されたデータに対してまとめて**一括処理**を行うことを**バッチ処理**といい、データが発生した段階で**即時処理**を行うことを**リアルタイム処理**といいます。

病院の診察の例を考えてみましょう。例えば病院で診察した患者の情報に対し、機械学習モデルを用いて、その病気が陽性か陰性かの2値の分類を行うとします。もし、その予測を一日の診察が全て終了した後にまとめて行うのであればバッチ処理になります。この場合は大規模なデータに対しての処理が求められるため、分散処理を行う環境が必要になるかもしれません。

別のケースとして、診察を行った直後に予測を行う必要がある場合は、リアルタイム処理になります。この場合は、予測を行うリクエスト（データの送信）を行った段階で、処理を即時に行う必要があります。

この場合、リアルタイムに近い素早い処理が求められるため、GPUなどを搭載した計算能力の高い計算機を用いた並列処理の環境が必要になるかもしれません。このように、状況に応じた適切な推論環境の構築が必要な場合もあることを押さえておきましょう。

○ **まとめて処理か、リアルタイム処理か?**

○ **処理方法に合わせた計算機の選択も大事。**

バッチ処理 VS リアルタイム処理

診察結果から陽性/陰性を予測するモデル

バッチ処理の場合

診察結果

一日の終りにまとめて推論を行う

リアルタイム処理の場合

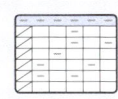

診察結果からその場でリアルタイムに推論を行う

ステップ8　再学習

●データドリフトとは？

　取り扱うデータは、問題設定によってその傾向が変化するものがあります。例えばホテルの売上予測を行うモデルを作成した場合、その予測モデルは季節や平均気温などの影響を受けることが想定されます。そのようなデータの変化のことを**データドリフト**と呼びます。

　その他にも、工場内に新しいセンサーを導入したなどの影響でデータドリフトが発生する場合があります。まずはこのようなデータドリフト（データの変化）にあわせて再度モデルを学習させる仕組みが重要になります。

●モデルの再学習の注意点

　モデルの再学習（学習済みモデルを新たなデータを用いて学習させること）のタイミングは、問題設定により異なります。データの傾向の変化が激しい場合は、常に再学習を行う必要があるかもしれません。また、データに全く変化がない場合は特に再学習は必要がないかもしれません（※データの変化に関係なくデータ量を増やしてモデルを再学習させることはここでは別問題とします）。

　再学習を行ったモデルは常に以前のモデルよりも予測精度が高いという保証はありません。これも検証を行い、優れたモデルを採択する必要があります。

○ **データの傾向は変化する可能性**がある。

○ **変化に合わせたモデルの再学習**を行う。

データドリフト

データドリフトとは？

食材(データ)の流行などが変われば、
料理(モデル)の内容も変更する必要がある

データドリフトの原因

データに傾向に変化があった
データに季節性がある

データの取得方法に変更があった
データの処理方法に変更があった

ここで重要となる概念として、モデルのバージョン管理があります。モデルを常に上書していくのではなく、バージョン管理を行い、バージョン1からバージョン2に移行する前に、2を試験的に一部のアプリケーションに用い、検証が完了次第、完全にバージョン2に移行するといったような管理を行う必要があります。

● モデル開発の自動化

　モデルの再学習を行う際は、新たに収集されたデータに対し、前処理を施し、モデルの作成を行い、デプロイするといったステップを再度行う必要があります。定期的にモデルの更新を行う場合を考えた際に、このステップの自動化を行うことも重要になります。

　Microsoft Azureなどのクラウドサービスでは、こういったステップを自動化するためのサービスを展開しています。例えば毎月末に蓄積されたデータを用いて再学習を行いたいとします。その場合、スケジューリングされたタイミングで、データを取得し、特定の前処理を施し、モデルの作成（ハイパーパラメータの調整を含む）、モデルのデプロイを行うといったステップを自動化することが可能になります。

　機械学習モデルは一度作成すればそれで終わりではなく、その運用も考慮する必要があります。継続的な運用を行うためにもこういった自動化システムの活用も重要です。

モデル開発の自動化

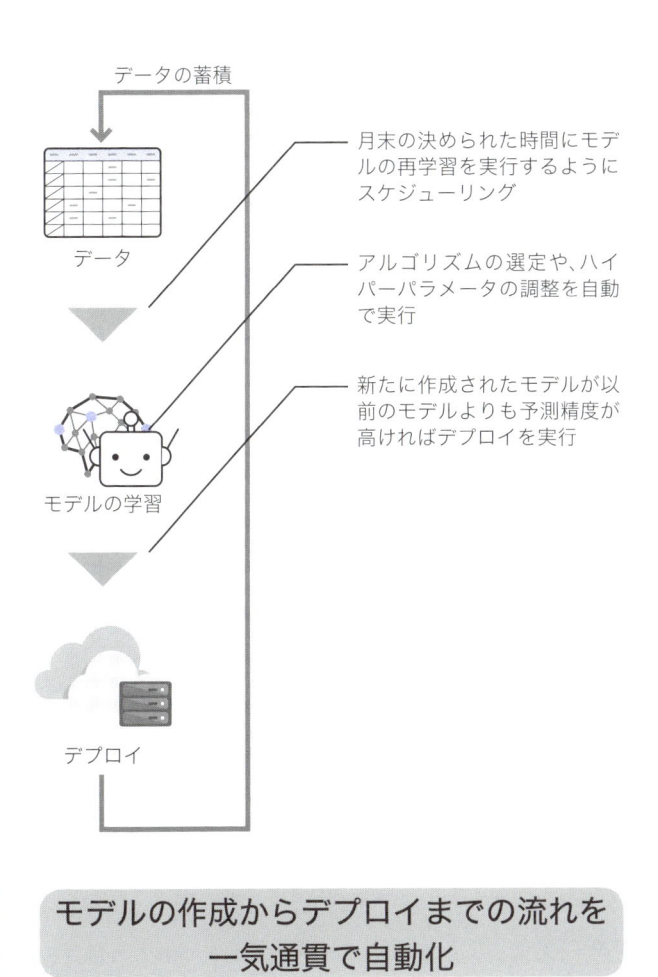

データの蓄積

データ

月末の決められた時間にモデルの再学習を実行するようにスケジューリング

アルゴリズムの選定や、ハイパーパラメータの調整を自動で実行

モデルの学習

新たに作成されたモデルが以前のモデルよりも予測精度が高ければデプロイを実行

デプロイ

モデルの作成からデプロイまでの流れを
一気通貫で自動化

学習済みモデルAPI

●APIとは？

APIとは既にデプロイ（モデルの本番環境への組み込み）されたサービスを指します。既にデプロイまで完了しているため、すぐにそのサービスを自社で開発中のアプリケーションなどに簡単に組み込むことが可能です。

代表的な機械学習モデルのAPIには、Microsoft社が提供するAzure Cognitive Servicesなどが挙げられます。**APIとして公開されている機械学習モデルは既に豊富なデータを用い、学習されたモデルが使用されています。問題設定に応じては、自身で一から作成を行う場合よりも高い予測精度を持ったモデルである場合もあります。**

●機械学習モデルAPIの代表例

提供される機械学習モデルAPIサービスには、主に汎用的な問題設定に対するものが多く公開されています。例えば人の顔の位置を検出するものや、一般的な物体（車、電車、机やいす）の検出をするもの、テキストから言語の検出や、翻訳を行うもの等が挙げられます。

● 既に学習、デプロイ済みのモデルAPIの活用。

● 機械学習モデルを一から作成する必要はない。

学習済みモデルAPI

学習済みモデルAPIとは

メリット

・データ収集やモデル作成、デプロイを行う必要がなく、機械学習モデルを使用することが可能

・メンテナンスの必要性がなく、運用が比較的簡単

デメリット

・作成されているモデルのためカスタマイズを加えることが困難

・APIとなっているため、組み込みとして使用することが困難

提供されている代表的なAPI

画像処理や自然言語処理に関するAPI

例：顔検出、翻訳など

機械学習モデルのAPIのAzure Cognitive ServicesのFace APIの例を簡単に紹介します。Face APIでは、画像内の顔を検出します。検出された顔から、年齢、性別、目や鼻の位置、メガネを掛けているか、化粧をしているかなどの様々な情報を取得することが可能です。また、顔の情報から嬉しい、悲しい、などの感情を検出することも可能です。

　また、2枚の顔画像から同一人物のものかを判定する顔認証のシステムも簡単に構築することが可能です。

　このモデルを自身で作成する手順を考えてみましょう。**このモデルを作成するためには数千、数万枚の顔画像を収集し、それぞれの画像に対し、どこに顔があるのか、年齢、性別、感情などの目標値を作成する必要があります。**このデータ収集、目標値の作成を考えると大変な労力を要することは簡単に想像できると思います。こういった顔を検出するような汎用的かつ、大変な作業に関しては自身でモデルを1から作成するのではなく、Face APIのような学習済みモデルAPIを使用すると効率的です。

　便利な学習済みモデルAPIですが、既に学習、デプロイが完了しているため、その学習済みモデルAPI自体をカスタマイズすることは困難であることも覚えておきましょう。

　自身の問題設定とAPIの機能を照らしあわせて、適切な箇所で活用することを意識することが重要です。

学習済みモデルAPI : Face API

実際に自身で作成する場合

· **数百〜万枚**の顔画像の収集
· **数百〜万枚**の顔画像に対して目標値の作成
  → 年齢、性別
  → 感情
  → 顔の位置、顔の部位の位置 など

Azure Cognitive Services

Face API

顔検出に特化したAPI
· 顔、及び顔の部位の位置検出
· 年齢・性別の分類
· 感情の検出
· 化粧、メガネ等の有無
  　　　　　　　　　 など

学習などを一切行わずに様々な機能を使用することが可能

同じ目的の機械学習モデルを作成するの
であれば、既に公開されているサービスを
利用したほうが効率がいいケースが多い

クラウドサービスを活用したモデル作成

A book to explain with figure

● クラウドのモデル開発サポート

これまで、機械学習案件の企画からサービス提供までの一連の流れを学びました。クラウドのサービスを活用することにより、「モデル作成」から「再学習」のステップをより簡易に、効率良く行うことができます。

ここではMicrosoftが提供するAzure Machine Learning（以下 Azure ML）を例に解説を行います。Azure MLでは、「モデル作成」「デプロイ」「再学習」のために必要な環境、仕組みを提供しています。それぞれどのようなことができるのか簡単に確認しましょう。

「モデル作成」では、ドラッグ＆ドロップの操作（ノンコーディング）でモデル作成を行うことが可能なサービス (Azure Machine Learning Designer) を提供しています。ドラッグ＆ドロップの簡単な操作で前処理やアルゴリズムの選定などを行い、モデル作成を行うことが可能です。また、全ての前処理、アルゴリズム、ハイパーパラメータを試行し、自動で最適なモデルを構築するといったサービスも展開されています。

また、プログラミングを用いてモデルを作成したい場合には、簡単に大規模な分散処理環境の構築やハイパーパラメータの調整の自動化などを行うサービス (Azure Machine Learning Workspace) を提供しています。

● モデル作成からデプロイまでを一気通貫。

● プログラミングなしでデプロイまで可能。

クラウド活用のモデル開発

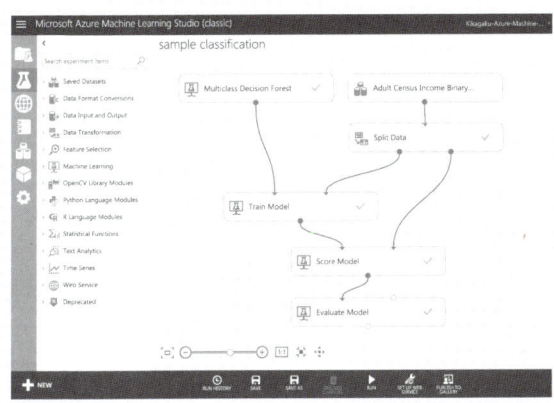

Azure Machine Learning Designer とは？

（著者の実行画面）

ドラッグ＆ドロップの操作で前処理やアルゴリズムの選定
などを行い、機械学習モデルの構築を行うことが可能

更に、モデル作成のハイパーパラメータの自動調整や、
デプロイ、再学習もプログラミングなしで行うことが可能

「デプロイ」では、ボタンのクリックで学習済みモデルをAPI化し、すぐに利用できる状態にすることができます。また、モデルのバージョン管理もサポートしており、簡単にモデルの管理を行うことができます。

　「再学習」では、データドリフト（季節や気温の変化を受けたデータの変化）の監視を行ったり、データの更新のタイミングやスケジュールされたタイミングに、自動でモデルの再学習を行う設定をしたりすることが可能です。

● AIの民主化時代

　このような様々なサービスは、今後より幅が広がって行くことが想定されます。誰しもが機械学習のモデルを開発することができる日もそう遠くないのかもしれません。しかし、ここで重要なのは、**私達がどのように「活用」するかを考えることができるか**にあります。

　しっかり機械学習の特性を理解し、適切な場所で使うことができれば、より良いサービス、社会をつくっていくことができるのではないではないかと筆者は考えています。そのためにもまず業務のオペレーションを整え、ルールベースの仕組み化に取り組むことを第一歩とし、機械学習活用への道を進んでいただければ幸いです。

橋渡し人材の重要性

| 企画 | ▶ | 開発 | ▶ | 活用 |

開発部分の自動化や効率化がますます強くなっていく中で、今後役割として重要となるのが、技術とビジネスをつなぎ**活用へとつなげていく人材である「橋渡し人材」**です。

活用の時代

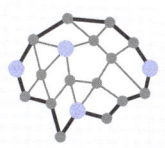

機械学習で何かを予測できるようになったとしても、それをどのように活用するのかのアイデアがなければ、機械学習を活用しているとは言えません。
何ができ、何ができないのか、把握し、「活用」の段階までしっかり考え、プロジェクトなどに取り組みましょう。

Chapter **5**

先端テクノロジー

BIやRPA、IoT、クラウドといった
近年注目を集めている技術の概要を学びます。

A book to explain
with figure

BIとは

A book to explain with figure

● BI/BIツールとは

BIとは、**ビジネス・インテリジェンス（Business　Intelligence）**の略です。企業内に蓄積された膨大なデータ、つまりビッグデータを分析し、**分析結果を経営の意思決定に活用すること**を意味します。データに基づいた意思決定を行う重要性が近年関心を集める中、AIのみならずBIにも注目が集まっています。この**BIをサポートするシステムをBIツール**と呼びます。Tableau Software社が提供しているTableau DesktopやMicrosoft社が提供しているPower BIが代表的なBIツールです。どちらも多くの企業で導入されています。

● BIツール活用のメリット

経営やマーケティングといったデータに基づいた意思決定を頻繁に行うような状況において、BIツールは非常に役立ちます。様々な場所に散在したデータを収集し、意思決定しやすい状態に整理するまでには工数がかかります。この工数を削減し、データの整理からデータの可視化までの時間を大幅に短縮することで意思決定をスピーディーに行うことが可能になります。一度うまく回ってしまえば、人手を割かなくても欲しい情報が手に入るため、課題の早期発見にも役立ちます。

○ BIとは企業内に蓄積されたビッグデータを分析し、分析結果を経営の意思決定に活用すること。

BIツールの良さ・有名なBIツール

データ

分析結果

経営の意思決定
に活用

✔ ツールを使用しない場合:非常に時間がかかる…
✔ BIツールを使用した場合:手軽に短時間で意思決定まで行える

RPAとは

RPAとは

RPAとは、ロボティック・プロセス・オートメーション（Robotic Process Automation）の略です。人間の作業を自動化するソフトウェア型ロボットのことをRPAと呼びます。人間が行う操作をルールに基づいて自動的に再現する技術です。

RPAを用いることで、業務の自動化や単純作業の省人化、業務の24時間化、人為的ミスが減るといったメリットがあります。

損害保険ジャパン日本興亜※では、RPAにより年53万時間以上のPC作業を自動化しているらしいです。仮に、1時間あたり1,000円の人件費がかかっていた場合、5.3億円の費用削減となります。これは非常に大きなコスト削減ですよね。同じようなルーチーンワークがあればあるほどコスト削減に直結する素晴らしい技術です。

RPAにより自動化される業務

RPAを活用することで様々な業務を自動化することができます。例えば、請求、支払データ入力、帳票発行といった経理業務や従業員の勤怠管理や給与計算といった人事業務、他にも総務や営業などの領域でも幅広く活用されています。これらのように、定期的に行い、処理方法や判断規則といったルールが明確になっている業務はRPAで代替しやすいです。

※ https://www.sompo-japan.co.jp/

○ RPAとは人間のルーチーン作業を自動化するソフトウェア型ロボットのこと。

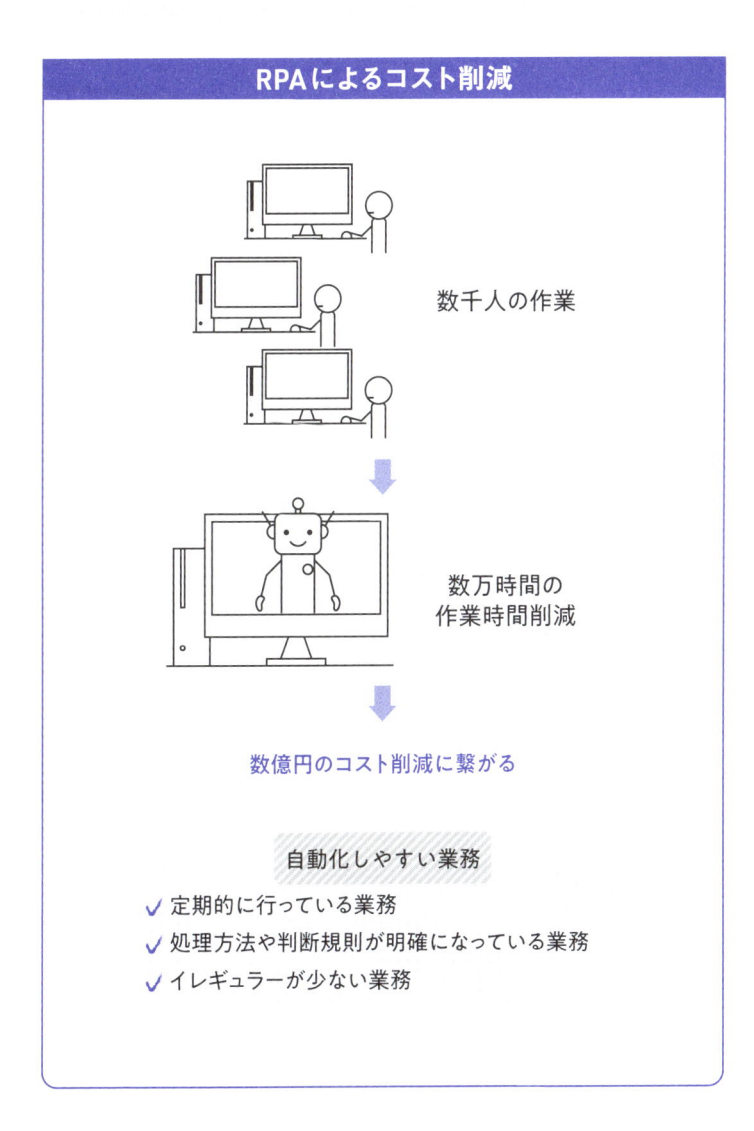

RPAによるコスト削減

数千人の作業

数万時間の
作業時間削減

数億円のコスト削減に繋がる

自動化しやすい業務

✓ 定期的に行っている業務
✓ 処理方法や判断規則が明確になっている業務
✓ イレギュラーが少ない業務

5

先端テクノロジー

IoTとは

A book to explain with figure

● IoTとは

IoTとは、Internet of Thingsの略であり、**モノのインターネット**と呼ばれています。世の中にある**様々なモノがインターネットに接続され、何かしらの制御を行ったり、データを収集する仕組み**を指します。身近な例では、Apple Watchといったスマートウォッチやユニクロの無人レジなどがIoTにあたります。

スマートウォッチはもう少し大きな括りでお伝えすると、**ウェアラブルデバイス**とも呼ばれており、身体につけて利用する装置です。

スマートウォッチでは、活動量や心拍、睡眠データを取得することができ、無人レジでは、商品についているタグから自動で商品を検知したりできます。

このような身近な例だけではなく、工場内に設置したセンサーから温度や湿度等の様々な**データを取得**し、異常かどうかを検出するなど、**業務現場においても様々な場面で活用されている**のがIoTです。IoTの登場により、データの常時取得、行動の制限が可能になり、価格や人員の最適化、予知・予防に良い影響を与えることができています。

○ IoTは、身の回りの様々な場面で活用されており、価格や人員の最適化に大きく寄与している。

IoT の普及と活用例

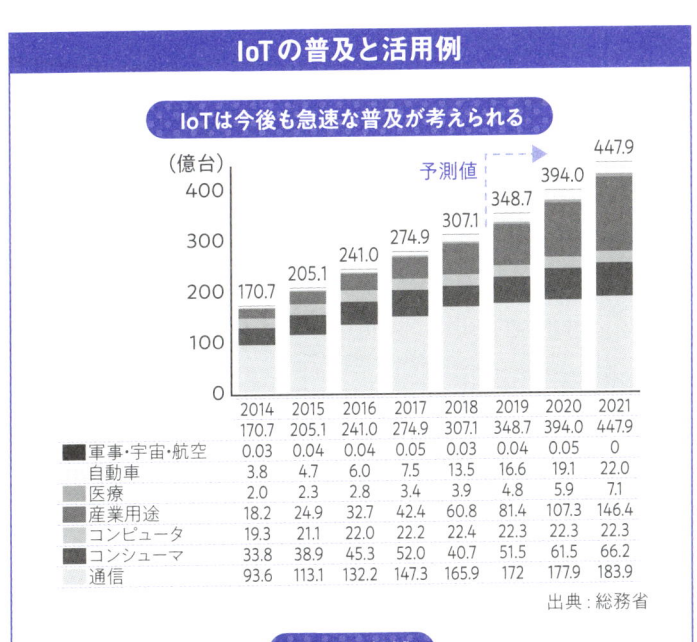

IoTは今後も急速な普及が考えられる

（億台）

予測値

447.9
394.0
348.7
307.1
274.9
241.0
205.1
170.7

	2014	2015	2016	2017	2018	2019	2020	2021
	170.7	205.1	241.0	274.9	307.1	348.7	394.0	447.9
■ 軍事・宇宙・航空	0.03	0.04	0.04	0.05	0.03	0.04	0.05	0
自動車	3.8	4.7	6.0	7.5	13.5	16.6	19.1	22.0
■ 医療	2.0	2.3	2.8	3.4	3.9	4.8	5.9	7.1
■ 産業用途	18.2	24.9	32.7	42.4	60.8	81.4	107.3	146.4
□ コンピュータ	19.3	21.1	22.0	22.2	22.4	22.3	22.3	22.3
□ コンシューマ	33.8	38.9	45.3	52.0	40.7	51.5	61.5	66.2
通信	93.6	113.1	132.2	147.3	165.9	172	177.9	183.9

出典：総務省

IoT活用領域

カテゴリ	具体例
価格の最適化	ダイナミックプライシング／スマートメーター／ガス・電気／テレマティクス保険／走行距離連動型／運転行動連動型
人員の最適化	無人決済・無人レジ／スマート農業／自動農薬散布／ドローン・ロボット
予防による最適化	予知保全・予兆保全／事後保全・予防保全／建設作業員の熱射病防止対策／ヘルメット内のスウェットバンドにセンサー／治療・予防・健康管理／ウェアラブルデバイス

クラウドとは

A book to explain with figure

● クラウドとは

クラウドは、インターネットに接続することを前提とするサービスです。主にSaaS、PaaS、IaaSの三つに分かれます。

SaaSは「Software as a Service」の略で「サース」と読みます。アプリケーションソフトをインターネットを介して利用する形態で、Office365やG Suite、Salesforceなどが代表例として挙げられます。

PaaSは「Platform as a Service」の略で「パース」と読みます。アプリケーションが稼働するためのハードウェアやOS、ミドルウェアを、インターネットを介して利用するサービスです。システムの基盤がすでに整っているため、初期コストを抑えて素早くアプリケーションの開発ができます。AmazonのAWSや、MicrosoftのAzure、GoogleのGCPなどが代表的なサービスとして挙げられます。

IaaSは「Infrastructure as a Service」の略で「イアース」と読みます。コンピュータリソースを、インターネットを介して利用する形態で、ハードウェアのスペックやOSをユーザーが自由に選定することができます。Amazon Elastic Compute Cloud（EC2）や、Azure Virtual Machines、Google Compute Engine（GCE）などが代表的なサービスとして挙げられます。

● クラウドは主に SaaS、PaaS、IaaS の3種類に分かれる。

● iPaaS によって、SaaS 同士が簡単に連携できる。

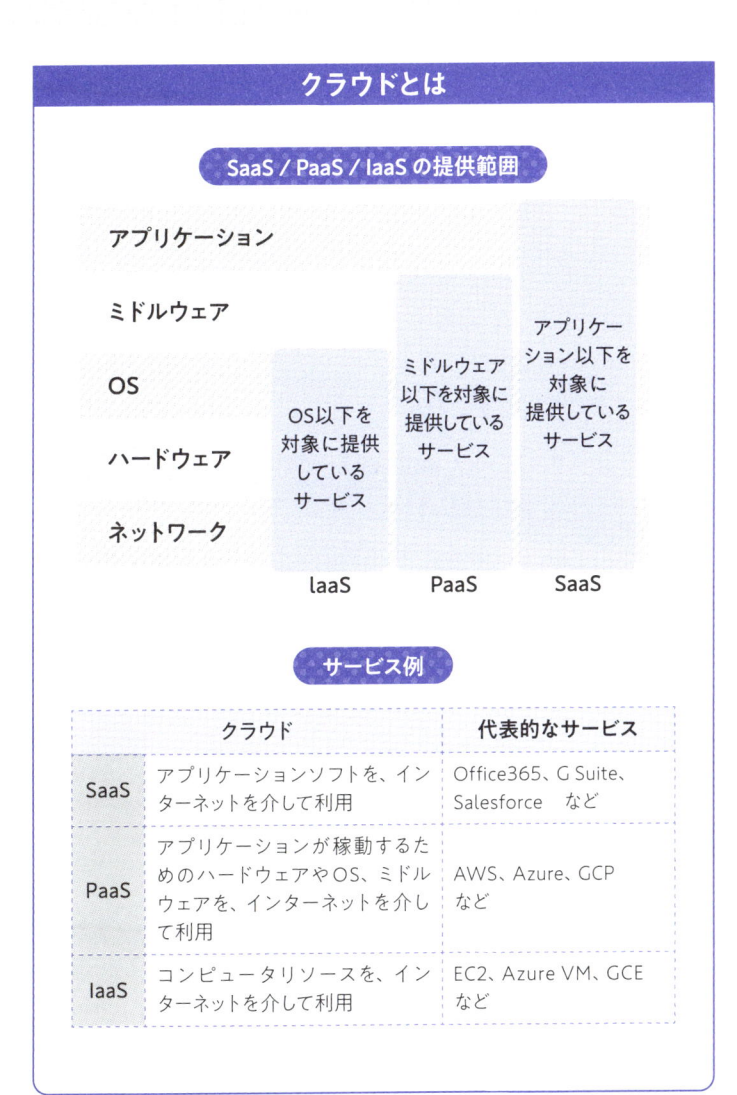

クラウドとは

SaaS / PaaS / IaaS の提供範囲

アプリケーション

ミドルウェア

OS

ハードウェア

ネットワーク

OS以下を対象に提供しているサービス — IaaS

ミドルウェア以下を対象に提供しているサービス — PaaS

アプリケーション以下を対象に提供しているサービス — SaaS

サービス例

	クラウド	代表的なサービス
SaaS	アプリケーションソフトを、インターネットを介して利用	Office365、G Suite、Salesforce　など
PaaS	アプリケーションが稼動するためのハードウェアやOS、ミドルウェアを、インターネットを介して利用	AWS、Azure、GCP など
IaaS	コンピュータリソースを、インターネットを介して利用	EC2、Azure VM、GCE など

5

先端テクノロジー

iPaaSとは

昨今注目されている**iPaaS**について説明します。iPaaSは「Integration Platform as a Service」の略で、「アイパース」と読みます。iPaaSによって、オンプレミス（自社運用）のシステムとSaaSのシステムの連携、また、SaaSのシステムと別のSaaSのシステムの連携が可能になります。これにより、オンプレミス上のデータの橋渡しが可能になり、各SaaSに散らばったデータも統合でき、ワークフローを最適化することができます。

例えば、GmailとSlack、この二つのSaaSをiPaaSで繋げると、特定のメールを受信した際、Slackに通知を送ることができるようになります。普段ビジネスサイドで活躍されている方は、PaaSもIaaSも扱うにはハードルが高いと思いますが、iPaaSであれば**プログラミングが必要なく最適なワークフローを簡単に構築できる**ので、ぜひ利用してみてください。

クラウドのメリット

オンプレミス（自社運用）と比べたクラウドのメリットは、ハードウェアなど物を購入しなくてよいので初期導入コストが低い、導入が早いこと、システムを運用するための専門人材を社内で持つ必要がないこと、またサービス拡大に伴ってコンピュータリソースを拡大したい場合に拡張性が高いことなど、様々なメリットがあります。

iPaaS とクラウドのメリット

iPaaSとは

SaaS/PaaS

例:Gmail

iPaaS

例:Zapier

SaaS/PaaS

例:Slack

プログラミングなしで
サービスを繋げる
ことができる

最適なワークフローを
構築

クラウドのメリット

✓ 初期導入コストが低い
✓ 導入が早い(社内承認が取れている場合)
✓ システム運用のための専門人材が必要ない
✓ 拡張性が高い

Chapter 6

学習ロードマップ

本書を読み終えた後の
学習ステップについてお伝えします。

A book to explain
with figure

今後の学習の全体像

A book to explain with figure

● 現状把握とゴールの明確化

本章では、本書を読み終えた後の学習方法についてお伝えしていきます。筆者が多くの企業様に人材育成のご提案する際に、まずお聞きするのが「現状のスキル」と「習得したいスキル」についてです。なにかを学び進めていく上で重要なのが、現状把握とゴールの明確化です。現状とゴールのギャップを埋めるために必要な学習方法を取捨選択していく必要があります。

読者の皆さんがデータサイエンス、機械学習初学者だと仮定して、ギャップを埋めるのに適した学習方法をお伝えします。

● ビジネス活用とエンジニアリング

まず、一番最初の分岐点となるのが、データサイエンスや機械学習のビジネス活用に重点を置くか、理論や実装力といったエンジニアリング側に重点を置くかという点です。理論や技術に関しては本書の内容くらいで構わないから、ビジネスにどうやって活用してくかを知りたいのか、もしくは、深い理論を学び、自ら実装まで行いたいのかによって大きく異なります。

この分かれ道は、皆さんの興味のある方向性で決めていただいても大丈夫ですし、普段のお仕事に近い方を選んで頂く形でも良いかなと思っております。理論や実装を学んでからビジネス活用も学ぶように、両者の学習を進めるのも素敵ですね。

○ AIのビジネス活用か、エンジニアリング力を身につけたいのか、どちらにフォーカスしたいかで学び方の方向性が異なる。

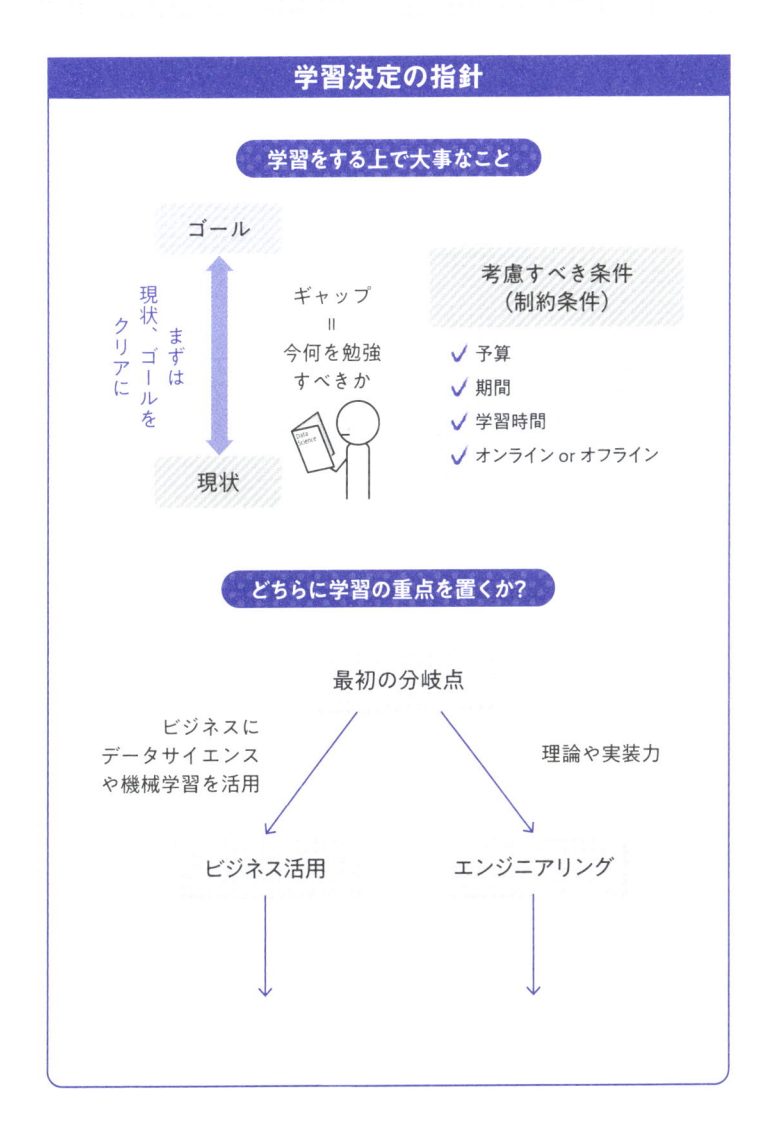

学習決定の指針

学習をする上で大事なこと

ゴール

現状、ゴールをクリアに

まずは

ギャップ
＝
今何を勉強
すべきか

考慮すべき条件
（制約条件）

✔ 予算
✔ 期間
✔ 学習時間
✔ オンライン or オフライン

現状

どちらに学習の重点を置くか?

最初の分岐点

ビジネスに
データサイエンス
や機械学習を活用

理論や実装力

ビジネス活用

エンジニアリング

6

学習ロードマップ

ビジネス活用向けの学習（G検定）

A book to explain with figure

● G検定の取得

何かの学習を進めていく際、明確なゴールがあると学習が進めやすくなるのは皆さんもなんとなくわかるかと思います。このゴールの一つに**資格・検定取得**があります。データサイエンスや機械学習領域には、一般社団法人日本ディープラーニング協会（JDLA）が提供する**G検定**という有名な検定が存在します。GはGeneralist（ジェネラリスト）を意味し、**事業活用する人材向けの検定**になります。公式サイトによると下記のように説明が書かれています。。

ディープラーニングの基礎知識を有し、適切な活用方針を決定して、事業活用する能力や知識を有しているかを検定する。

「事業活用する能力や知識を有しているかを検定する」と記載のある通り、AIのビジネス活用に重きをおいた検定です。実際には、活用だけではなく、AIの歴史やちょっとした理論も入ってきますが、その他の資格や検定と比較すると、珍しく活用に重きを置いています。

資格取得は本質的な学習とは異なるかもしれませんが、冒頭でお伝えしたように、明確なゴールを定める上では非常に有用です。

◦ **日本ディープラーニング協会（JDLA）が提供するG検定が
ビジネス活用にオススメの検定。**

資格（G検定）取得

資格・検定取得のメリット

✓ 能力の証明
✓ 明確なゴール
✓ 自分に自信がつく

データサイエンスや機械学習領域のオススメ検定

JDLA　G検定

一般社団法人日本ディープラーニング協会（JDLA）が
提供する検定

受験資格：制限なし※
オンライン実施

GはGeneralist（ジェネラリスト）の意味で、
事業活用する能力や知識を有しているかを検定する

※　https://www.jdla.org/certificate/general/

ビジネス活用向けの学習（書籍や研修）

A book to explain with figure

●書籍による学習

前節の資格・検定取得ではなく、シンプルにビジネス活用を学び進めていきたい場合には、書籍による学習が安価でオススメです。直近1、2年でビジネス活用に関する書籍が増えていることもあり、良書がたくさんあります。その中でもオススメの書籍を2冊ご紹介いたします。

◆『データサイエンティスト養成読本 ビジネス活用編』（技術評論社）

10名の著者が、各企業にて実施したデータサイエンスの経験談を元に構成されております。機械学習プロジェクトの進め方から、組織の立ち上げ方といったミクロな観点、マクロな観点からビジネス活用への理解を深めることができます。

◆『いちばんやさしい機械学習プロジェクトの教本 人気講師が教える仕事に AI を導入する方法』（インプレス）

機械学習プロジェクトの全体感から法律、経理、KPIツリー、可視化、分析、機能要件非機能要件などプロジェクトで気にするべき内容が網羅的でわかりやすく解説されています。

○ **知識だけであれば書籍だけでも十分に有用。**

○ **座学だけではなく演習を中心とした研修を選択するべき。**

書籍による学習

書籍による学習がおすすめなケース

✓ インプットをメインに行いたい

✓ 自分のペースで進めたい

✓ 費用を抑えたい

オススメの書籍

タイトル	難易度	概要
人工知能大全 (SBクリエイティブ)	★	人工知能の全体感がわかります。
業界別AI活用地図 (翔泳社)	★	ざっくりとした全体感を掴むのに優れ、豊富な活用事例によって自社サービスへの適用を検討しやすいです。読みやすくAI活用の興味を駆り立てる一冊です。
日本型AIビジネスモデル (日刊工業新聞社)	★★	少し細かい話が記載されている活用事例で、ビジネスモデルを深掘って検討するのに重宝します。
ディープラーニング活用の教科書 (日経BP)	★	実例からディープラーニングに何ができるのかを学べます。教科書の名にふさわしくディープラーニングを学ぶためのはじめの一冊に良いです。
ディープラーニング活用の教科書実践編 (日経BP)	★★	シリーズ2作目。さらに発展的な内容が学べます。
G検定公式テキスト (翔泳社)	★★★	G検定を取得するためのテキストですが、AIの歴史、法律やビジネス、機械学習、ディープラーニング、など幅広く学べ、業界の文脈を理解する助けとなります。

※難易度や概要は著者の見解です。

●研修による学習

　法人向けがメインではありますが、研修も有用です。価格が高い分、短時間で効率よく学習をすすめることができます。データサイエンス、機械学習領域の研修は巷に溢れていますので、どのようなポイントで選定すべきかをお伝えします。

　ビジネス活用に関する研修は1〜2日間で実施されることが多く、費用感はおおよそ5〜7万円／日が相場となっております。

　どの研修も期間、費用にそこまで差はないため、メインで比較すべき部分は研修内容です。

　研修内容でチェックするべき部分は、**演習の割合**です。演習とは、ビジネス活用に関するワークショップ等を指します。最近では、シミュレーターを用いた実践的な疑似演習を行っている研修も存在します。

　単なる知識のインプットであれば書籍で十分です。研修は講師、受講生間のやりとりによるアウトプットが非常に重要です。たくさん考え、発言する場が提供されているのは研修の良さです。座学のみならず、しっかりと実践的な演習が用意されているかをしっかりチェックしましょう。

研修による学習

研修による学習がおすすめなケース

- ✓ アウトプットを含んだ学習を行いたい
- ✓ 強制力のある中で進めたい
- ✓ 短期集中で習得したい

 ビジネス活用に関するワーク
ショップなど演習を含んでい
る研修を探そう

エンジニアリング向けの学習（Webや書籍）

A book to explain with figure

● 理論と実装のベース

　理論や実装は学ぶ手順を間違えてしまうと挫折する可能性が高くなってしまいます。学びたい領域によっても学習内容は変わってきますが、しっかりとベースを押さえた上で応用、発展に進んでいく必要があります。

　理論を深めていく上で欠かせないのが数学です。数学の中でも特に、微分、線形代数（ベクトル、行列）、統計の基礎知識が必要になります。微分積分とセットになることが多いかと思いますが、基礎的な内容であれば積分は不要です。

　実装は基本的にPythonというプログラミング言語を用いるのが一般的です。Rというプログラミング言語もありますが、統計解析に特化した言語であり、PythonはWebアプリケーションの作成も行えるなど、汎用性の高さから人気のプログラミング言語となっています。Pythonの基礎学んだ後、機械学習の実装に入っていく流れがスムーズです。

⊙ **理論や実装は学ぶ順番が非常に重要。**

⊙ **安価で有料コンテンツが Web 上にはたくさんある。**

エンジニアリング向けの学習

理論や実装の基礎とは?

発展

応用

理論
✓ 微分
✓ 線形代数
✓ 統計

基礎

数学の中でも
この三つが大事!

重要!

実装
✓ Pythonの基礎

Pythonでできること

✓ データ解析
✓ Webアプリケーション作成
✓ Webスクレイピング　など
（Webから情報をとってくる技術）

● Webによる学習

Webで学習を進めていく上で、個人ブログを参考に学びを進めるのも良いですが、筆者は、YouTube等の動画プラットフォームを用いた学習をオススメいたします。YouTubeは皆さんご存知かと思いますが、「機械学習 理論」「Python 機械学習」などと検索していただくと優良なコンテンツを配信しているチャンネルが出てきます。YouTubeであれば無料で視聴できるため学習コスト（費用面）を抑えて学び進めることができます。

また、最近では、有料のオンライン動画学習プラットフォームサービスが国内外に多数存在しており、プラットフォーム内にはたくさんの動画コンテンツが有料で公開されています。

わかりやすいコンテンツが非常に多く、体系的にまとまっているので初学者にはオススメです。

● 書籍による学習

ビジネス活用同様、書籍での学習もオススメです。初学者に非常にオススメなのが下記書籍です。

『やさしく学ぶ 機械学習を理解するための数学のきほん アヤノ＆ミオと一緒に学ぶ 機械学習の理論と数学、実装まで』
（マイナビ出版）

こちらの書籍は、2人の登場人物の会話から機械学習を理解していくように設計されており、数学に苦手意識がある方でも抵抗なく学びを深めていくことができます。

動画プラットフォームの利用が オススメ

費用、内容のバランスを見て選ぶ

無料のオンラインサービス

🔍「機械学習　Python」

🔍「機械学習　数学」

「機械学習　〇〇」と 検索すれば、良いコン テンツがたくさん

無料だからコスト を抑えられる

有料のオンライン動画学習プラットフォームサービス

体系的にまとまっていて 初心者にわかりやすい

わかりやすい コンテンツが多い

エンジニアリング向けの学習（研修）

A book to explain with figure

●研修での学習

　ビジネス活用を学ぶだけであれば、1〜2日間の研修で十分でしたが、理論や実装を学ぶには、ある程度中長期間の研修も想定しておいたほうが良いです。基礎的な内容だけを学ぶ、特定の領域のみを学ぶのであれば3日間の研修でも習得可能ですが、理論を深めるとなると、数日では終わらないです。実装に関しては、Webアプリケーション側まで学ぶとなると半年〜1年の期間を要することもあります。

　このような場合、まずは大きな制約条件である費用面で研修を絞りましょう。費用面の条件に合致するところが見つかり次第、どこまで幅広く、深くまで学びたいかを自身の中でしっかり明確にしましょう。モデル構築のみを学びたいのか、データの前処理も学びたいのか、それとも、Webアプリケーションに学習済みモデルを組み込むところまで学びたいのかによって、選択する研修は大きく異なります。自分の学びたい目指すべきゴール（学びたい内容）を明確にすることが研修選択のミスマッチを防ぎます。

○学習内容は多岐にわたるため、学びたい方向性を明確にして取捨選択を行う必要がある。

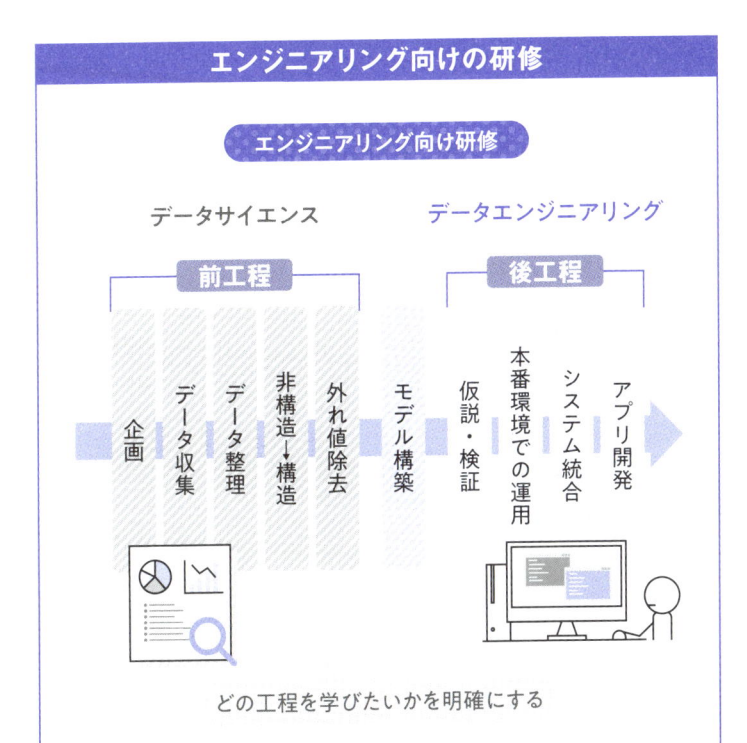

エンジニアリング向けの研修

エンジニアリング向け研修

データサイエンス　　データエンジニアリング

前工程　　　　　　　後工程

企画／データ収集／データ整理／非構造→構造／外れ値除去　モデル構築　仮説・検証／本番環境での運用／システム統合／アプリ開発

どの工程を学びたいかを明確にする

内容によってかかる日数は違う

研修例	日数	内容
研修A	2日	モデル構築のみ
研修B	3日	データ整理とモデル構築
研修C	24週間	企画からアプリ開発まで

Index 索 引

A book to explain with figure

著者紹介

今西　航平 (いまにし こうへい)

株式会社キカガク　取締役副社長
東北大学大学院医学系研究科　非常勤講師

1994年生まれ。東京理科大学理学部応用数学科卒。
AI・機械学習領域の研修にて講師を務める。世界で3000万人が利用しているオンライン動画学習サービスUdemyでも複数講座を開講しており、デビュー作は開講わずか2ヶ月で受講生1000名、2作目は1ヶ月で1000名超え。Udemy人気講師として7000名以上の受講生を輩出。学生時代には、約300名の中学生に塾での集団授業の経験も持つ。現在は、Python、AI・機械学習のミニ講座を配信する「いまにゅのプログラミング塾」(Youtube)を運営している。
著書に『Tableauで始めるデータサイエンス』(共著)、『Google Apps Script実践プログラミング』がある(いずれも秀和システム)。

西沢　衛 (にしざわ まもる)

株式会社キカガク　執行役員 / 新規事業部責任者
Microsoft社公認講師 (Microsoft Certified Trainer)

AIに関する研修の講師や講義のための資料作成、新規事業の立ち上げなど幅広い業務を担当。講師領域では、一般社団法人リテールAI研究会と共に小売業界に特化した研修の企画から講義の担当、日本マイクロソフト株式会社と共にMicrosoft社が提供するAIに関する試験の対策講座の企画・登壇などを行う。その他、大学の講義資料の作成など幅広い領域に従事。

酒井　健三郎（さかい けんざぶろう）

株式会社キカガク　執行役員 / 研修事業部責任者

1994 年生まれ。上智大学理工学部機能創造理工学科卒業。
新卒で総合電機メーカーに入社し、現在は株式会社キカガクにて、AI の短期・長期の
定期研修、法人研修等の講師を担当。研修事業の執行役員として、社内教育、研修立
案などに従事。日本ディープラーニング協会が主導する E 資格認定講座のコンテンツ作
成、責任者を担う。

⚬ **株式会社キカガク**

https://www.kikagaku.co.jp/

⚬ **キカガク BLOG**

https://www.kikagaku.co.jp/#kikagaku-blog

図解ポケット 今日から使える!
データサイエンスがよくわかる本

| 発行日 | 2020年 8月 8日 | 第1版第1刷 |

著　者　今西　航平／西沢　衛／酒井　健三郎

発行者　斉藤　和邦
発行所　株式会社　秀和システム
　　　　〒135-0016
　　　　東京都江東区東陽2-4-2　新宮ビル2F
　　　　Tel 03-6264-3105（販売）　　Fax 03-6264-3094
印刷所　図書印刷株式会社

©2020 Kohei Imanishi, Mamoru Nishizawa,
　　　 Kenzaburo Sakai　　　　　　　　Printed in Japan

ISBN978-4-7980-6210-5 C0034